上海全球城市研究院
SHANGHAI INSTITUTE FOR GLOBAL CITY

GLOBAL CITY DEVELOPMENT INDEX 2022

全球城市
发展指数2022
城市数字化转型

City Digital
Transformation

周振华 盛维 ◎ 主编

格致出版社　　上海人民出版社

专家委员会

权 衡
上海社会科学院党委书记

张广生
中国国际经济交流中心上海分中心副理事长

宁越敏
华东师范大学中国现代城市研究中心主任

本·德鲁德（Ben Derudder）
比利时根特大学教授，GaWC 全球化与世界城市网络中心副主任

简·范德伯格（Jan van der Borg）
意大利威尼斯大学教授，欧洲城市比较研究院院长

编写组成员

总策划　康旭平　燕　爽
主　编　周振华　盛　维

总　述　周振华　盛　维
第 1 章　盛　维
第 2 章　盛　维　戴跃华　刘亦舒
第 3 章　盛　维　丁博汉　米一菲
第 4 章　戴跃华　丁博汉　曹　靓
第 5 章　盛　维　刘梓宇　倪　萌

目　录

CONTENTS

3 City Digital Transformation Index: Speed

4 Correlation Analysis of City Digital Transformation with Its Innovation Capacity and Global Connectivity

5   Profiles of the Top 10 Cities for Digital Transformation Performance and Speed

总　述

数字化正以不可逆转的趋势改变人类社会,重塑人们的生活和生产方式。对于城市来说,全面推进城市数字化转型不仅是面向未来塑造城市核心竞争力的关键之举,也是城市治理体系和治理现代化的必然要求。

首先,全面推进数字化转型是城市面向未来塑造城市核心竞争力的关键之举。特别是新冠肺炎疫情的发生,进一步加速推动数字时代的全面到来。数字化越来越成为推动经济社会发展的核心驱动力,深刻变革全球生产组织和贸易结构,重新定义生产力和生产关系,全面重塑城市治理模式和生活方式。尤其需要强调的是,通过数字化转型,城市能够更好地抓住技术变革并赋能行业发展,提升经济功能和城市功能。对于全球城市而言,这将进一步提升城市在全球资源要素配置中的节点功能。

其次,全面推进数字化转型是城市治理体系和治理能力现代化的必然要求。城市尤其是超大型城市,人口多、流量大、功能密,具有复杂巨系统的特征,城市建设、发展、运行、治理各方面情形交织、错综复杂,更有必要充分运用数字化方式探索社会治理新模式。

正是在这种背景下,纽约、伦敦、香港、新加坡等全球城市以及韩国、澳大利亚、卢森堡等先进国家,无不致力于推动"经济、生活、治理"全面数字化转型,并在数字化基础设施建设、引进和培养数字技能型人才、完善数据开放和数据安全的法律法规体系等领域取得了巨大成就。

为了指导上海的数字化转型进程,上海市委、市政府于2020年底公布《关于全面推进上海城市数字化转型的意见》。该意见指出,要坚持整体性转变,推动"经济、生活、治理"全面数字化转型;坚持全方位赋能,构建数据驱动的数字城市基本框架;坚持革命性重塑,引导全社会共建共治共享数字城市;同时,创新工作推进机制,科学有序全面推进城市数字化转型。

一是推动经济数字化转型,提高经济发展质量。加快推动数字产业化、产业数字化,放大数字经济的辐射带动作用,做优做强城市核心功能,助力"五型经济"发展。大力发展数字贸易,助力提升产业链、供应链的安全性、稳定性。

二是推动生活数字化转型,提高城市生活品质。结合新技术和新制度的供给,以数字化推动公共卫生、健康、教育、养老、就业、社保等基本民生保障更均衡、更精准、更充分,打造智慧医院、数字校园、社区生活服务等一批数字化示范场景。

三是推动治理数字化转型，提高现代化治理效能。把牢人民城市的生命体征，打造科学化、精细化、智能化的超大城市"数治"新范式。

伴随着城市数字化进程的加快，构建指标体系来对城市数字化转型过程进行指导、对转型结果进行评估也日益进入城市政府、智库专家的日程安排。学术界、政府对智慧城市的研究由来已久，但对城市数字化转型的研究尚处于起步阶段。对城市在数字化转型方方面面的量化分析，有助于城市政府清楚地认识本城市在数字化转型方面的优势和劣势领域，对决策者制定数字化转型的相关战略具有重要的指导作用。

本报告从城市数字化转型的内涵和特征切入，梳理国内外学术界关于城市数字化转型指数研究的现状及其存在的不足。在此基础上，本报告提出城市数字化转型研究的四大内容——基础设施、经济、生活和治理；以及城市数字化转型测度的两个视角——绩效和速度，前者反映城市数字化转型已达到的水平和程度，后者反映城市数字化转型过程的快慢节奏。

首先，从绩效视角对39个样本城市的数字化转型水平进行评估。从综合排名看，前十强城市依次是纽约、东京、洛杉矶、伦敦、芝加哥、旧金山、北京、上海、香港和新加坡。

从区域分布看，综合得分较高的城市集中分布在欧洲、亚洲、北美洲三个地区，呈现出明显的地区差异。在数字化转型绩效前十强中，欧洲城市1个，即伦敦，占比为10%；亚洲城市5个，即东京、北京、上海、香港、新加坡，占比高达50%，充分说明了亚洲城市在数字化转型方面取得的巨大成就；北美洲城市4个，即纽约、洛杉矶、旧金山、芝加哥，占比为40%。

从区域排名看，亚洲前十强城市由中国、日本、韩国、印度和土耳其五国所包揽，依次是东京、北京、上海、香港、首尔、新加坡、台北、大阪、孟买和伊斯坦布尔；欧洲前十强城市依次是伦敦、巴黎、阿姆斯特丹、马德里、斯德哥尔摩、都柏林、哥本哈根、慕尼黑、米兰和莫斯科。北美洲前五强城市包括美国的4个城市和加拿大的1个城市，依次是纽约、洛杉矶、旧金山、芝加哥和多伦多。

从城市转型绩效类型看，全面转型城市有纽约、东京、新加坡；三领域突出城市有洛杉矶、伦敦、芝加哥、旧金山、北京、上海、首尔；双领域突出城市有香港、多伦多；单领域突出城市有巴黎、台北、悉尼、都柏林。

除此之外，本报告还对39个样本城市在四个细分领域的转型绩效进行了实证分析。

其次，从速度视角对 39 个样本城市的数字化转型过程的快慢节奏进行评估。从综合排名看，前十强城市依次是北京、上海、香港、雅加达、伊斯坦布尔、孟买、新德里、新加坡、班加罗尔和约翰内斯堡。

从区域分布看，发展中经济体城市整体领跑于发达经济体城市，亚洲城市整体领跑于其他地区城市。在转型速度综合排名前十强城市中，仅有两个为发达经济体城市，即位列第 3 的香港和位列第 8 的新加坡；其余 8 个也都是亚洲城市。中国的北京、上海、香港排名分别为全球第 1、第 2、第 3 名。美洲城市集中在第 17 到第 33 名之间，欧洲城市集中在第 22 到第 39 名之间。可以看出，中国、印度、印度尼西亚等发展中国家在经济和综合实力不断增强的同时，其城市在数字化转型方面也在努力追赶发达国家城市的进程。

从区域排名看，欧洲城市数字化转型速度前十强为都柏林、华沙、斯德哥尔摩、哥本哈根、慕尼黑、巴黎、米兰、莫斯科、马德里和法兰克福；亚太城市数字化转型速度前十强为北京、上海、香港、雅加达、伊斯坦布尔、孟买、新德里、新加坡、班加罗尔和曼谷；美洲城市数字化转型速度前五强依次是圣地亚哥、旧金山、芝加哥、多伦多和纽约。

从城市转型速度类型看，超快速转型城市有北京、上海和香港等 3 座城市。快速转型城市有雅加达、伊斯坦布尔、孟买、新德里、新加坡、班加罗尔、约翰内斯堡等 7 座城市。中速转型城市有都柏林、圣保罗、华沙等 24 个城市。慢速转型城市有法兰克福、大阪、布鲁塞尔、阿姆斯特丹和伦敦等 5 座城市。

除此之外，本报告还对 39 个样本城市在四个细分领域的转型速度进行了实证分析。

在上述排名的基础上，本报告聚焦城市数字化转型绩效、速度与城市创新能力、城市全球连通性的相关性分析。研究结果显示，城市数字化转型绩效与城市创新能力、城市全球连通性高度正相关；城市数字化转型速度与城市创新能力、城市全球连通性相关性较弱。

最后，本报告对数字化转型绩效与数字化转型速度前十强城市分别进行画像分析。

1

城市数字化转型的概念框架

1.1 城市数字化转型的内涵和特征

1.1.1 城市数字化转型的内涵

梳理近年来学界对城市转型、数字化和数字化转型等概念已进行过的一些思考，有助于探讨城市数字化转型的定义与内涵。"城市转型是指基于推动城市发展的主导要素变化而导致的城市发展阶段与发展模式的重大结构性转变，是在一段时间内集中发生的具有内在一致性的变化与制度变迁。"[1] "数字化转型是指通过信息、计算、通信、连接等数字技术的组合，触发实体属性的重大变革以改进实体的过程。"[2] 未来城市的转型发展应实现"基础设施先进、信息网络畅通、科技应用普及、生产生活便利、城市管理高效、公共服务完备、生态环境优美"。[3]

在此基础上，有学者将城市数字化转型定义为由数字技术和数据要素驱动的城市发展模式与实体形态的结构性转变，其覆盖经济产业、社会生活、政府治理等诸多方面的转型。城市数字化转型不完全等同于过去提出的"智慧城市建设"概念，"建设"是一种从无到有的过程，更多强调技术的、硬件的、实物的建设，而"转型"则强调对原有形态的转变，需要协同推进技术、制度、规则、功能、生态等各个方面的转型。此外，城市数字化转型还需要与城市的其他发展目标有机融合，包括创新城市、人文城市、知识城市、生态城市、低碳城市、韧性城市等。[4]

1.1.2 城市数字化转型的特征

中国著名科学家钱学森和周干峙从系统论的角度，提出城市是一个复杂的巨系统。钱学森认为，城市可以概括为以人为主体，以空间和自然环境的合理利用

---

① 郑国、秦波：《论城市转型与城市规划转型——以深圳为例》，《城市发展研究》2009 年第 16 期。
② Vial，Gregory，2019，"Understanding digital transformation: A review and a research agenda"，*The Journal of Strategic Information Systems*，vol. 28 no.2，pp.118—144.
③ 顾朝林：《转型发展与未来城市的思考》，《城市规划》2011 年第 11 期。
④ 郑磊：《城市数字化转型的内容、路径与方向》，《城市》2021 年第 4 期。

为前提，以聚集经济效益和社会效益为目的，集约人口、经济、科技、文化的空间地域大系统，具有复杂巨系统的特性。以此类推，数字化转型城市通过基础设施、经济、生活、治理数字化的转型发展，最终实现城市的可持续发展，同样具有复杂巨系统的特性。总结起来，数字化转型城市具有以下四大特性。

1. 转型目标的多样性。城市系统的适应性是一个分化的过程，从而形成城市结构的复杂性和形态表现的多样性。城市的活力在于错综复杂并且各部分相互支持的城市功能，并以此形成丰富多彩的城市生活空间。数字化转型城市是在新一代信息技术发展与应用的基础上进行城市系统转型的，这一转型可以说是传统城市的升级，目标不仅仅是要考虑对传统基础设施的数字化、智能化改造，同时还要将能够实现数字化转型的其他内容纳入其中。

针对智慧城市概念，中外学者的分析有一个逐渐演变的过程，即从以信息和通信技术为中心过渡到三个核心因素：技术（硬件和软件的基础设施）、人（创造力、多样性、教育），政府（治理和政策）。以此类推，城市实施数字化转型，其目标绝不仅限于基础设施的数字化转型，更包括治理的数字化转型、社会生活的数字化转型。虽然欧美城市在论及智慧城市、智能城市时较少提到经济数字化转型，但不可否认的是，经济数字化转型是城市数字化的重要应用场景，也是城市实现可持续发展的关键领域。

2. 转型领域的互动性。技术、人、经济、政府这四者的转型并不是相互割裂的，而是需要相辅相成、协同并进。其中，基础设施数字化转型为其他三个领域提供技术支撑。经济数字化转型一方面是城市数字化转型的重要应用场景，另一方面也为其他领域数字化保障赋能；而治理数字化反过来促进、规范经济数字化。生活数字化是治理数字化的支撑和依托，而治理数字化反过来服务、培育生活数字化。经济数字化、生活数字化之间亦有相互提升、支撑的作用。城市是一个有机生命体，技术、人、经济、政府四者的转型只有互相关联，才能实现整体转型。

3. 转型过程的阶段性。根据相关学者的研究[1]，发达国家智慧城市的建设阶段具有共性，大致可概括为三个阶段。首先是技术预备阶段。在该阶段，政府通过政策引导和财政投入，鼓励泛在网络、信息集成控制中心等信息基础设施的建设，以及云计算、大数据等信息技术的发展，为孕育智慧城市奠定基础。其次是体系构建阶段。该阶段是智慧城市建设的技术性和系统性的核心探索阶段。大多

---

[1] 王莹：《国际智慧城市建设历程与服务体系比较研究》，2015 中国城市规划年会，2015 年。

数国家在这一阶段经历了从"工程型智慧城市"到"系统型智慧城市"的演进过程。最后是智慧产出阶段。该阶段城市依赖智慧化成果指导城市产业发展。前阶段积累的智慧化应用和智慧城市系统研发经验转化为经济产出，带动智慧化产业发展，使城市在全球智慧经济市场上占领一席之地。

与此相类似，数字化转型城市也经历了三个阶段。一是基础设施数字化转型阶段。二是单项数字化转型应用阶段。城市尝试在诸如智慧电网和能源、智慧教育和医疗，以及智慧交通等单项领域上探索智慧化解决方式。这一阶段的转型虽然可以解决一些城市问题，但容易造成信息孤岛，导致各自发展和资源浪费。三是数字化转型系统应用阶段。城市先设计公共平台，然后添加不同的工程单元模块，从单个数字化的解决走向系统数字化的设计，从而减少信息孤岛问题和重复投资，并使数字化转型城市具备自主生长和改良的能力。

4. 转型水平的波动性。城市的兴衰随时空转变呈现出"波浪式"的发展进程。城市数字化转型速度、水平同样具有波动性，这是系统中各个领域、领域内部各要素之间的相互适应、相互影响的非线性关系的表现。城市数字化转型速度受体制机制、文化传统的影响，有快有慢；同时，前期转型水平高的城市，后期转型水平降下来、速度慢下来，甚至倒退（逆数字化转型）也是正常现象，反之亦然。这种现象多体现在发达经济体城市和新兴经济体城市数字化转型速度对比之中。[1]

图 1.1
城市数字化转型的主要特征

资料来源：作者绘制。

---

[1]　曲岩：《我国智慧城市建设水平评估体系研究》，大连理工大学，2017 年。

1.2 城市数字化转型指数研究的现状和不足

1.2.1 数字化转型正成为国际城市评价的重点

近年来国际组织及智库在开展城市或国家评价时，已将数字化、智慧化（智能化）相关指标纳入评价体系，大致可分为四类。

1. 针对城市数字化、智慧化的综合评价。以 Nesta 创新基金会和欧洲数字论坛（EDF）发布的 2016 欧盟数字城市指数、IBM 的智慧城市评估标准、罗兰贝格的 2019 智慧城市战略指数三个报告为代表。

2016 欧盟智慧城市指数（EDCI 2016）构建了由 10 个一级指标和众多二级指标组成的指标体系，旨在对欧盟城市的智慧化程度进行评估。10 个一级指标包括：人力资源、商业环境、数字基础设施、企业文化、知识溢出、生活风格、市场规模、创业支持、非数字基础设施、投资获取（表 1.1）。

表 1.1
2016 欧盟数字城市指数指标体系（EDCI 2016）

资料来源：徐清源、单志广、马潮江（2018）。

一级指标	二级指标
人力资源	英语能力
	支持员工
	ICT 员工
	业务培训
	应届毕业生
	劳动成本
商业环境	数据开放性
	办公空间成本
	营商环境
数字基础设施	光纤互联网
	移动互联网速度
	宽带成本
	网速

一级指标	二级指标
企业文化	承担风险的意愿
	多元文化多样性
	在线协作
	新业务密度
	企业家认知
	信任
	生态系统参与
	"独角兽"历史
知识溢出	研发强度
	大学质量
生活风格	文化娱乐
	生活水平
市场规模	本地在线销售
	数字服务需求
	数字市场规模
	移动市场规模
	本地在线销售增长
创业支持	早期援助
	使用加速器
	网络活动
非数字基础设施	通勤
	机场连通性
	列车连通性
投资获取	早期融资
	后期资金
	商业天使基金
	众筹

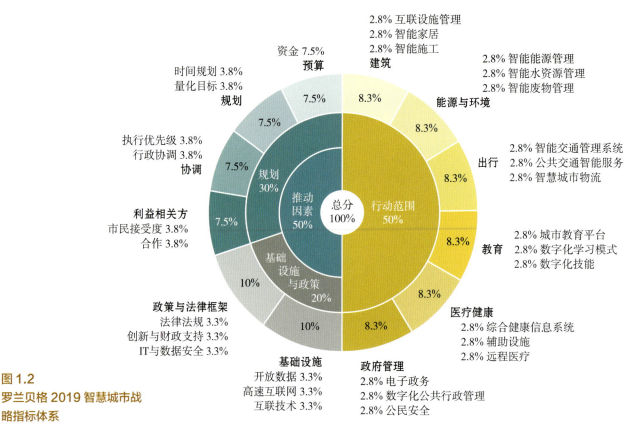

图中标注文字：

2.8% 互联设施管理
2.8% 智能家居
2.8% 智能施工

资金 7.5%
预算
建筑
8.3%

时间规划 3.8%
量化目标 3.8%
规划
7.5%

能源与环境
8.3%

2.8% 智能能源管理
2.8% 智能水资源管理
2.8% 智能废物管理

执行优先级 3.8%
行政协调 3.8%
协调
7.5%

规划
30%
推动
因素
50%

总分
100%
行动范围
50%

出行
8.3%

2.8% 智能交通管理系统
2.8% 公共交通智能服务
2.8% 智慧城市物流

利益相关方
市民接受度 3.8%
合作 3.8%
7.5%

基础
设施
与政策
20%

教育
8.3%

2.8% 城市教育平台
2.8% 数字化学习模式
2.8% 数字化技能

政策与法律框架
法律法规 3.3%
创新与财政支持 3.3%
IT与数据安全 3.3%
10%

10%

8.3%

医疗健康
8.3%

2.8% 综合健康信息系统
2.8% 辅助设施
2.8% 远程医疗

基础设施
开放数据 3.3%
高速互联网 3.3%
互联技术 3.3%

政府管理
2.8% 电子政务
2.8% 数字化公共行政管理
2.8% 公民安全

图 1.2
罗兰贝格 2019 智慧城市战略指标体系

资料来源：罗兰贝格国际管理咨询公司（Roland Berger）。

IBM 公司将城市描述为一个由组织、商业、政务、交通、通信、水和能源七大因素组成的系统，这些系统的高效性和有效性决定了一个城市如何运作，以及如何实现自身目标以获得城市发展的成功。IBM 在此基础上提出，智慧城市评价体系由城市服务、市民、商业、交通、通信、能源、供水 7 个系统构成，在这七大系统之下，还分别建立了 4 个二级指标以作进一步评估。IBM 智慧城市评估标准侧重于建设水平与最佳标准的评估，所设置的指标都是客观性指标。

罗兰贝格的 2019 智慧城市战略指数分为两大指标。一是行动领域，即政府管理、医疗健康、教育、出行、能源与环境、建筑这六个领域。二是促成目标的因素，包含规划以及基础设施和政策两大部分，而进一步的细分则又涵盖了预算、规划、协调、利益相关方、政策与法律框架、基础设施等 6 个三级指标（图 1.2）。

2. 针对经济方面数字化、智慧化的专题评价。以欧盟数字经济与社会指数、美国商务部关于数字经济评测建议、经合组织（OECD）的数字经济指标体系三个报告为代表。

欧盟历来重视数字经济的发展与统计，从 2014 年起发布了《欧盟数字经

表 1.2
欧盟数字经济与社会指数

资料来源：徐清源、单志广、马潮江（2018）。

一 级	二 级
连通性	固定宽带占用率
	固定宽带覆盖率
	移动宽带
	宽带价格
人力资源	互联网用户技能
	高级技能
互联网的使用	公民使用互联网服务
	网上交易
数字技术集成	企业数字化
	电子商务
	电子政务

济与社会报告》（Digital Economy & Society in the EU）和数字经济与社会指数（Digital Economy and Society Index，简称 DESI）。DESI 是刻画欧盟各国数字经济发展程度的合成指数，该指数由欧盟根据各国宽带接入、人力资本、互联网应用、数字技术应用和数字化公共服务程度等 5 个主要方面的 31 项二级指标计算得出（表 1.2）。

2016 年，美国商务部数字经济咨询委员会（DEBA）《数字经济委员会第一份报告》中，提议衡量数字化对经济指标（如 GDP、生产力水平）的影响、数字化对跨行业的扩展作用，并提出衡量数字经济的四部分框架：一是各经济领域的数字化程度，如企业、行业和家庭等；二是经济活动和产出中数字化的影响，如搜索成本、消费者剩余和供应链效率等；三是实际 GDP 和生产率等经济指标的复合影响；四是监测新出现的数字化领域。

OECD 也从直接法的角度对数字经济进行了前期研究，提出建立新的测量标准应重点关注的六大领域：一是提高对 ICT 投资及其与宏观经济表现之间关系的度量能力；二是定义和度量数字经济的技能需求；三是制定度量安全、隐私和消费者保护的相关指标；四是提高对 ICT 社会目标及数字经济对于社会影响力的度量能力；五是通过建立综合性和高质量的数据基础设施来提高度量能力；六是构建一个可将互联网作为数据源使用的统计质量框架（表 1.3）。[①]

[①] 徐清源、单志广、马潮江：《国内外数字经济测度指标体系研究综述》，《调研世界》2018 年第 11 期。

表 1.3
OECD 数字经济指标体系（建议）

资料来源：徐清源、单志广、马潮江（2018）。

一级指标	二级指标
投资智能化基础设施	宽带普及率
	移动数据通信
	互联网发展
	开发更高速度
	网络连接价格
	ICT 设备及应用
	跨境电子商务
	网络安全
	感知安全和隐私威胁
	完善网络安全和隐私证据基础
创新能力	ICT 与研发
	ICT 行业创新
	电子商务
	发挥微观数据潜力
	ICT 专利
	ICT 设计
	ICT 商标
	知识扩散
赋权社会	互联网用户
	在线行为
	用户复杂性
	数字原住民
	儿童在线
	教育中的 ICT
	工作场所中的 ICT
	电子商务消费者
	内容无边界
	电子政府应用
	ICT 和健康
ICT 促进经济增长与增加就业岗位	ICT 投资
	ICT 商业动态
	ICT 附加值
	信息产业劳动生产率
	测度经济服务质量
	电子商务
	ICT 人力资本
	ICT 工作岗位及 ICT 行业工作岗位
	贸易经济与 GVC

表 1.4
国际电信联盟 ICT 发展指数指标体系

资料来源：徐清源、单志广、马潮江（2018）。

一级指标	二级指标
ICT 接入	固定电话覆盖率
	移动电话覆盖率
	用户平均国际互联网宽带
	家庭电脑普及率
	家庭互联网接入率
ICT 使用	互联网用户率
	固定宽带使用率
	移动宽带使用率
ICT 用户技能	入学年限中位数
	初中入学率
	高等教育入学率
	ICT 与研发
	ICT 行业创新
	电子商务
	发挥微观数据潜力
	ICT 专利
	ICT 设计
	ICT 商标
	知识扩散

3. 针对基础设施方面数字化、智慧化的试评价。国际上广为关注的指数是信息通信技术发展指数（ICT Development Index），由国际电信联盟于 2009 年推出，包括 ICT 接入、ICT 使用和 ICT 用户技能共三类指标（表 1.4）。2017 年中国排第 80 位（共 176 国）。近两年国际电信联盟拟将固定宽带速率、移动流量使用等纳入指标体系，目前尚在进行修订。

4. 针对治理方面数字化、智慧化的试评价。有两个指数受到关注，一是世界银行的"开放数据准备度"。2013 年，世界银行开放政府数据工作组研发了"开放数据准备度"评估框架（open data readiness assessment）。该评估框架主要考察高级领导力、政策 / 法律框架、体制结构和政府责任 / 能力、政府数据管理、开放数据需求、公众参与和能力、开放数据项目融资、国家技术与技能基础等八个维度（表 1.5）。[1]

---

[1] 郑跃平、刘美岑：《开放数据评估的现状及存在问题——基于国外开放数据评估的对比和分析》，《电子政务》2016 年第 8 期。

**表 1.5
世界银行开放数据准备度指标体系**

资料来源：郑跃平、刘美岑（2016）。

一级指标	二级指标
高级领导力	可见的政治领导
	已建立的政治领导和治理模式
	现有的政治活动或计划
	政治环境
	与开放政府合作伙伴组织之间的关系
政策／法律框架	个人隐私保护
	现有信息访问权限
	数据安全、归档及保存
	政府数据的所有权及许可
	政府部门出售数据政策
	政策／法律
体制结构和政府责任／能力	计划和实施的领导部门
	首席信息官或负责数据管理的官方职位
	部门间关于 ICT 问题的协同机制
	绩效或服务质量评估
	数据／统计部门
	部门对数据发布的顾虑及应对
	政府的整体 ICT 基础
	政府的网上表现
政府的数据管理、政策及数据可用性	对政府信息管理的政策和实践
	数据持有态度
	数据被如何持有
	政府内部和政府间的数据实际和潜在需求
	已经开放的数据及开放条件
	匿名个人数据的实践经验
	拥有数据管理能力来领导项目的部门
开放数据需求	来自社会、发展伙伴及媒体的实际和潜在需求
	来自商业／私人部门的实际和潜在需求
	公共部门对数据需求的倾听和回应
	外部利益相关者如何看待政府倾听和回应数据需求的意愿
公众对于开放数据的参与和能力	信息媒介与生态
	推动数据再利用的政府活动
	参与的社交媒体和数字化渠道
	移动客户端经济
	具有相关数据分析及技术培训能力的学术或研究组织

一级指标	二级指标
开放数据项目融资	开放数据项目起步阶段的资助
	基于开放数据的客户端及电子服务的资助
	ICT 设施及人力资源发展资助
	创新资助机制
国家技术与技能基础	当地的 ICT"生态"及技术普及程度
	互联网接入成本 / 计算与存储设施
	IT 产业、开发社区以及整体数字素养

二是联合国电子政务发展指数（EGDI），由联合国经济和社会事务部展开调查。这一两年一度的全球电子政务排名，是对 193 个联合国成员国数字政府建设水平的权威评估。联合国从电子政务和电子参与两个维度进行评估。其中，电子政务又进一步包括三个维度，分别是在线服务、人力资本和电信基础设施（图1.3）。首先，含金量最高的是在线服务指数（OSI）。该指数反映了政府通过政府网站等平台提供的在线服务水平，包括政府信息公开、社交媒体应用和在线政务服务等方面共 148 个具体评价指标。该指数越高，意味着人们在政务服务平台上可以在线办理的业务越多，享受的服务也越多。其次是电信基础设施指数（TII），包含五个指标：互联网用户数，固定电话线路数，移动用户数量，无线宽带订阅量，固定宽带订阅量。最后是人力资本指数（HCI），包含四个指标：成人识字率，联合了小学、中学及大学的毛入学率，预计受教育年限，平均受教育年限。[1]

图 1.3
电子政务发展指数（EGDI）指标体系

资料来源：2020 UN E-Government Survey (Chinese) — High Resolutio. https://publicadministration.un.org/en/Research/UN-e-Government-Surveys.

- OSI：在线服务指数（148个指标）
- TII：电信基础设施指数（5个指标）
- HCI：人力资本指数（4个指标）

① 2020 UN E-Government Survey (Chinese) — High Resolutio. https://publicadministration.un.org/en/Research/UN-e-Government-Surveys.

1.2.2　数字化评价指标体系对比分析

在梳理完 9 个国际评价体系之后，我们将重点对这些评价体系在评估城市或国家数字化、智慧化时所采用的指标进行对比分析，目的是为构建我们自己的城市数字化转型指标体系提供文献支撑。不同编制主体提出的指标体系在提出背景、编制原则、目标导向、指标分项数量等方面均存在一定的差异性。我们按基础设施、政府治理、产业经济、社会生活、要素支撑、制度人文的大致类别，对具体指标分项的分布情况进行统计，如表 1.6 所示。

相对于专注某一领域的指标体系而言，三个综合类指标体系的指标分项数量较多，覆盖面较广，分布比较均衡，侧重于国家或城市发展可持续性，适用于在全球范围内的城市数字化、智慧化转型水平的评价。在三个综合类指数的全部 72 个分项指标中，有 19% 分布于基础设施领域，7% 分布于政府治理领域，14% 分布于产业经济领域，17% 分布于社会生活领域，22% 分布于要素支撑领域，21% 分布于制度人文领域。

除了美国商务部的数字经济测评建议，其余 8 个国际指标体系无论是综合类指标体系，还是单一类指标体系，无一例外都设置了大量基础设施的指标。在全部 9 个国际指标体系的 340 个分项指标中，有 14% 分布于基础设施领域，高于产业经济领域的 10%、社会生活领域的 8%、要素支撑领域的 12%，以及制度人

表 1.6
城市 / 国家数字化、智慧化评价指标分布统计

评价体系	基础设施	政府治理	产业经济	社会生活	要素支撑	制度人文	合计
欧盟：2016 欧盟数字城市指数（综合类）	7	—	5	—	15	13	40
IBM：智慧城市评估标准（综合类）	4	2	5	3	—	—	14
罗兰贝格：智慧城市战略指数（综合类）	3	3	—	9	1	2	18
欧盟：数字经济与社会指数（经济类）	6	1	1		2		10
美国商务部：数字经济测评建议（经济类）	—		9				9
OECD：数字经济指标体系（经济类）	10	1	9	10	8	—	38
国际电信联盟：信息通信技术发展指数（基础设施类）	8				3		11
联合国经济和社会事务部：电子政务发展指数（治理类）	5	148			4	—	157
世界银行：开放数据准备度（治理类）	3	7	4	6	9	14	43
合　计	46	162	33	28	42	29	340

资料来源：作者整理编制。

文领域的 9%。可见，基础设施的数字化、智慧化对于城市数字化转型至关重要，起着基础性的支撑作用。

在 9 个国际指标体系中，设置政府治理指标的有 6 个。如果从总体上看，在 9 个国际指标体系的 340 个分项指标中，有高达 48% 集中于政府治理领域，远高于其他任何领域的占比。由此可见，政府治理领域是数字化、智慧化指标体系的重点关注领域，反映出其在智慧城市、数字城市建设中的统领作用。

与此同时，我们还发现，要素支撑领域及制度人文领域也是各大指标体系关注的重点，尽管不及政府治理领域和基础设施领域。可能的原因在于，一方面，城市数字化、智慧化发展最终取决于人才、资本、科技等资源要素的支撑能力；另一方面，城市的软实力，比如制度环境、人文环境也对数字化转型水平起着至关重要的作用。

还有一个现象是，产业经济领域的数字化转型似乎没有得到指标体系的高度重视。这可能与欧美的智慧城市理念中较少考虑经济因素，而更关注基础设施、城市治理方面的数字化、智慧化高度相关。

1.2.3　现有国际评价体系的特征与不足

现有指标体系的特征：一是普遍把数字化的基础设施作为智慧城市、数字城市建设的起点和重点。二是大部分指标体系都涵盖经济（产业）数字化、生活数字化及治理数字化这三个应用场景。三是都非常重视资源要素对智慧化、数字化建设的作用，尤其是人力资源的重要性得到了普遍重视。四是普遍重视制度人文环境，如居民的隐私传统、政府对数据开放的态度与政策等对智慧化、数字化建设的影响。

现有指标体系的不足：一是几乎全部样本指标体系均没有体现数字产业化的指标。数字的产业化日益成为城市经济数字化转型的主要标识。二是在经济数字化转型指标设计时，普遍漏掉数字贸易这一指标。事实上，随着信息技术的发展以及数字贸易壁垒的拆除，数字贸易在经济体贸易中的占比日益提升，而且数字贸易水平直接关系经济数字化转型的成败与能级。三是没有对城市数字化转型的潜力进行评估。有些城市数字化程度可能很低，但由于在制度环境、市场潜力及研发上的优势，而具有后发优势；有些城市尽管基础设施良好，但体制机制方面的瓶颈将成为它们问鼎顶级数字城市的障碍。四是过多使用国家级的数据来评价城市数字化。这固然由于数据的不可获得性，但实际上降低了指数排名的公正性、可信度。五是数字化水平的实证研究往往采用某一特定年份的数据，而非连续几年的数据。如此获得的结果是静态的，不能体现"转型"所具有的动态性特征。

1.3 城市数字化转型的理论架构

1.3.1 城市数字化转型的四大方面

城市数字化转型涵盖城市经济、社会、文化、生态发展的方方面面，主要包括基础设施数字化转型、经济数字化转型、生活数字化转型、治理数字化转型四个方面。

1. 基础设施数字化转型。基础设施数字化转型包括"硬件"部分和"软件"部分。一是"硬件"部分的数字化转型。网络设施和通信设施等设备的智能化和便捷高速化是城市数字化转型的"硬件"系统，能够有效地支持和服务于经济、生活、治理等领域的数字化转型。基础设施的"硬件"部分是数字化城市中一切经济社会活动的载体。新一代信息技术的应用使得数字城市的透彻感知、高效协同和泛在互联等技术特征得以实现。二是"软件"部分的数字化转型。主要指构建有助于数字化转型的政策环境（隐私保护政策）、网络安全环境等，以及打造以数字人才、ICT 投资为主导的资源要素支撑体系。

2. 经济数字化转型。从经济层面上看，城市数字化转型是一种在城市经济和社会发展过程中，信息产业的影响力不断增强并逐渐成为主导的发展过程。首先，信息技术通过产业化，取代传统工业、制造业成为城市社会经济发展的主导产业，并产生出包括微电子产业、软件产业、互联网产业、移动通信产业、电子商务、数字媒体产业等新兴信息产业，促进了城市经济的快速增长。

其次，信息、数据资源化、产业化。城市数字化转型是城市信息资源成为经济、社会发展最关键的战略资源，并逐渐弱化甚至取代物质和能源的过程。现有的工业化城市是以物质资源和能量消耗为基础的，这已经导致诸如资源匮乏、环境污染等城市问题。数字城市将通过全面开发与利用以信息和知识为主导的战略资源，促进信息服务业发展，直接或间接地减少物质资源和能量消耗，进而使城市的经济结构、社会结构和文化结构得到优化与提升。

最后，数字城市通过信息技术对产业的渗透作用，推动传统产业部门的升级改造，使传统工业和服务业吸收了信息技术而得以根本改变，从而提高整个城市的经济运行效率，加速社会各领域的全方位变革。

3. 生活数字化转型。从社会层面上看，数字城市是促进城市社会形态由工业社会向信息社会转变的动态发展过程。在这个过程中，通过计算机和信息通信网络等信息工具与劳动生产者的相互合作与分工，形成先进的信息化生产力，并逐渐渗透和辐射到整个社会的各个层面。数字城市将深刻地改变市民的生活方式、生产方式、工作方式和思维方式，它将使城市的社会经济结构从以物质和能量为中心转变为以信息和知识为中心，从而推动城市进入到信息社会的发展阶段。

4. 治理数字化转型。从治理层面上看，治理数字化的核心是通过数字资源、数字技术的运用提升治理水准。有学者从"数字要素"和"治理要素"相结合的角度，提出对政府组织的内部"赋能"和对社会公众的外部"赋权"。也有学者认为数字治理应该使社会形成一种生态系统，这个系统包括政府、平台、企业、居民、媒体等多个要素，其治理方式应该是线上线下结合、要素之间双向互动。欧美一些发达国家的数字治理案例表明，数字治理的基本目标是用技术进步驱动治理实践，数字治理的最高境界是数字技术与治理理念的融合。

上述四者的转型并不是相互割裂的，而是需要相辅相成、协同并进。其中，基础设施数字化转型为其他三个领域提供技术支撑。经济数字化转型一方面是城市数字化转型的重要应用场景，另一方面也为其他领域数字化保障赋能，而治理数字化反过来促进、规范经济数字化；生活数字化是治理数字化的支撑和依托，而治理数字化反过来服务、培育生活数字化；经济数字化、生活数字化之间亦有相互提升、支撑的作用。把城市作为一个有机生命体，四者互相关联，才能实现整体转型。[①]

1.3.2　城市数字化转型的三大层次

根据以上对城市数字化转型的概念及特征的分析，参考以往学者对数字城市理论架构的研究，本研究对城市数字化转型理论架构赋予全新的理解，将城市数字化转型分为三个层次：数字化转型基础，治理数字化转型与应用数字化转型，城市数字化转型（可持续发展）。其中，数字化转型基础既包括基础设施（"硬件"）数字化转型，又包括政策、人才、资本等"软件"方面的数字化转型，为

---

① 郑磊：《城市数字化转型的内容、路径与方向》，《城市》2021年第4期。

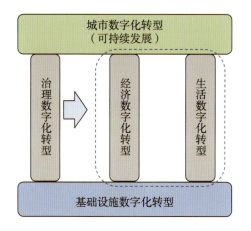

图 1.4
城市数字化转型的理论架构

资料来源：作者绘制。

了研究的方便，统称为"基础设施数字化转型"。应用数字化转型又包括经济数字化转型、生活数字化转型（图 1.4）。

数字化的基础设施是实施城市数字化的物理支撑，实现对数据的感知、信息分析与处理，主要包括新一代信息技术的实现途径及硬件、软件设施，是实现治理数字化转型与应用数字化转型的基石。

治理数字化转型主要是指政府运用智能手段实现对日常政务的处理，实现政府智能办公的高效性，以及对企业、市民的数字化服务。针对城市数字化转型的实施制定优化的顶层设计，鼓励市民积极参与到城市数字化转型之中，完善政府网络门户，实现以人为本的便捷服务，从宏观角度把握城市建设，实现城市内部各个系统的协调一致的发展。数字化治理起着统领全局的作用，处于战略地位。应用数字化转型则是指将数字化基础设施应用于经济与社会生活的各个方面，主要包括数字经济、数字生活两大方面。通过数字设施的应用以及数字治理的战略方针，实现城市经济结构优化、转型发展，市民日常生活便捷及生活环境宜居，是智慧城市的主要外在表现，也是新一代信息技术应用于城市数字化转型的最终价值体现。

最顶层是城市可持续发展，这也是城市数字化转型的终极目标。这里的可持续发展包括政治、经济、社会、文化、环境可持续五个方面。

1.4　城市数字化转型测度的两大视角

"城市数字化转型指数"研究的任务是构建评价指标体系，选择评价模型，收集实证数据并进行分析。我们将从两个视角，即绩效和速度，对城市在基础设施、经济、生活、治理等领域的数字化转型水平进行测度和分析。

1.4.1　转型绩效

"绩效"是一个管理学领域的术语,可以理解为"业绩、成效"。在管理学视角下,组织通过开展绩效评价来考察个体和组织两个层面的成效。在组织层面,绩效是组织为实现组织目标而采取的活动对于达成组织目标的有效性,是组织行为的最终结果。既往研究从各学科角度对于绩效的阐释均有所差别,体现在对于"行为"和"结果"的侧重有所不同。近年来有研究认为绩效是综合的,是与目标相关的行为及其结果。个体及组织的行为促进结果的产生,结果反过来形成目标导向,因此绩效是行为和结果的综合。

对业绩、成效的检验和评估过程被称作为绩效评价,即对个体或组织为达成目标所采取的一系列行为作出的价值判断。绩效评价是组织管理的重要组成部分。通过采取适当的绩效评价手段,以组织目标为出发点对绩效进行检验,有助于发现个体或组织行为存在的问题。

如果想对城市数字化转型水平进行横向比较,就要用到"转型绩效"的概念。本研究认为,"城市数字化转型绩效"是指在某个时间点(本研究确定为一年)城市在数字化转型方面的综合成效,是对现阶段城市数字化转型整体情况开展的评价。对城市数字化转型开展绩效评价有其必要性。城市数字化转型通常耗资巨大,涉及对基础设施、经济、生活、治理等不同领域的投入,并产生不同类型的转型成果。绩效评价有助于对转型情况进行及时准确的把握。[1]

1.4.2　转型速度

如果想从纵向视角来评估不同城市的数字化转型水平,就要用到"转型速度"的概念。"城市数字化转型速度"主要是指一个城市在一定时期内数字化转型变化的速率,是反映一定时期数字化转型水平变化程度的动态指标,也是反映城市数字化转型是否具有活力的基本指标。转型速度具有动态性,有大有小,有正有负。转型速度的大小反映了城市数字化转型的快慢;转型速度的正负反映了城市数字化转型是进步了还是倒退了。城市数字化转型的发力点主要集中在基础

---

① 管俊峰:《智慧城市建设绩效评价研究》,哈尔滨工业大学,2021年。

设施、生产、生活以及治理等领域，与城市发展息息相关，因此数字化转型速度在一定程度上意味着城市发展水平提升的速度。维持合理水平的数字化转型速度已经成为当前国际上各大城市推动城市发展的重要切入点，也是学术界、智库开展数字化研究的重点议题。

数字化转型速度测度采用复合增长率的方法，用以表示数字化转型的年均变化情况。其中年均复合增长率 g 按照如下公式计算：

$$g = \sqrt[n]{\frac{y_n}{y_0}} - 1$$

其中 y_0 是指标 y 初始年份的值（本研究以 2016 年作为初始年份），y_n 是指标 y 第 n 年的值（本研究以 2020 年作为最终年份，即 $n = 4$）。

2

城市数字化转型指数：
绩效篇

2.1 绩效视角下城市数字化转型指数的总体排名和区域排名

2.1.1 总体排名

根据既定评价步骤，计算出 39 个样本城市绩效视角下的数字化转型指数的综合得分和排名，如表 2.1 和图 2.1 所示。

表 2.1
城市数字化转型指数：转型绩效综合排名

排名	城 市	基础设施数字化转型	经济数字化转型	生活数字化转型	治理数字化转型	综合得分
1	纽约	54.80	43.96	97.28	90.07	71.53
2	东京	52.65	63.37	62.47	90.87	67.34
3	洛杉矶	53.13	27.07	79.58	86.06	61.46
4	伦敦	48.38	26.24	71.95	83.39	57.49
5	芝加哥	47.23	25.57	73.25	83.55	57.40
6	旧金山	39.17	50.39	61.42	77.41	57.10
7	北京	69.43	47.51	50.88	54.66	55.62
8	上海	63.37	43.15	54.06	56.99	54.39
9	香港	61.87	39.11	49.07	62.99	53.26
10	新加坡	48.83	30.57	57.17	64.66	50.31
11	多伦多	43.22	19.89	61.15	70.65	48.73
12	首尔	53.08	28.63	40.66	69.74	48.03
13	巴黎	46.75	23.02	44.51	67.49	45.44
14	台北	37.09	34.36	44.70	64.39	45.13
15	悉尼	42.93	14.89	50.14	62.52	42.62
16	墨尔本	41.90	13.88	40.85	55.54	38.04

排名	城 市	基础设施 数字化转型	经济 数字化转型	生活 数字化转型	治理 数字化转型	综合得分
17	大阪	34.21	26.93	29.74	53.85	36.18
18	马德里	34.95	15.50	37.57	44.45	33.12
19	米兰	41.50	14.69	31.39	42.64	32.55
20	斯德哥尔摩	40.29	17.60	26.38	34.54	29.70
21	阿姆斯特丹	39.25	13.24	24.62	40.04	29.29
22	伊斯坦布尔	24.27	7.73	40.64	41.68	28.58
23	圣保罗	36.18	9.65	32.47	34.31	28.15
24	慕尼黑	36.37	18.41	22.63	33.39	27.70
25	孟买	18.48	26.91	25.61	39.76	27.69
26	都柏林	24.21	30.47	24.64	25.56	26.22
27	墨西哥城	32.85	5.99	24.74	37.09	25.17
28	新德里	17.53	22.71	23.21	37.07	25.13
29	莫斯科	32.13	11.62	22.10	33.35	24.80
30	哥本哈根	31.03	9.68	20.69	35.29	24.17
31	迪拜	39.42	10.38	18.87	8.97	19.41
32	布鲁塞尔	31.67	9.88	18.93	14.86	18.83
33	雅加达	22.26	7.03	22.47	19.09	17.71
34	吉隆坡	25.07	11.57	20.78	12.56	17.50
35	曼谷	22.58	6.33	23.59	13.53	16.51
36	华沙	29.30	9.55	10.92	15.79	16.39
37	法兰克福	26.59	8.82	8.74	20.70	16.21
38	班加罗尔	14.10	13.63	9.15	19.39	14.07
39	约翰内斯堡	19.27	3.53	1.88	9.59	8.57

资料来源：作者测算编制。

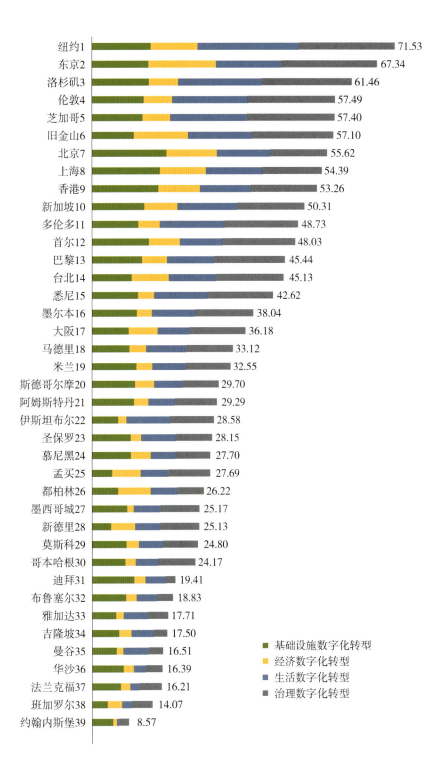

图 2.1
城市数字化转型指数：转型绩效综合排名

资料来源：作者根据研究数据绘制。

纽约1	71.53
东京2	67.34
洛杉矶3	61.46
伦敦4	57.49
芝加哥5	57.40
旧金山6	57.10
北京7	55.62
上海8	54.39
香港9	53.26
新加坡10	50.31
多伦多11	48.73
首尔12	48.03
巴黎13	45.44
台北14	45.13
悉尼15	42.62
墨尔本16	38.04
大阪17	36.18
马德里18	33.12
米兰19	32.55
斯德哥尔摩20	29.70
阿姆斯特丹21	29.29
伊斯坦布尔22	28.58
圣保罗23	28.15
慕尼黑24	27.70
孟买25	27.69
都柏林26	26.22
墨西哥城27	25.17
新德里28	25.13
莫斯科29	24.80
哥本哈根30	24.17
迪拜31	19.41
布鲁塞尔32	18.83
雅加达33	17.71
吉隆坡34	17.50
曼谷35	16.51
华沙36	16.39
法兰克福37	16.21
班加罗尔38	14.07
约翰内斯堡39	8.57

图例：
- 基础设施数字化转型
- 经济数字化转型
- 生活数字化转型
- 治理数字化转型

2.1.2　区域分布

　　城市数字化转型绩效排名体现出明显的地区差异，综合得分较高的城市基本分布在欧洲、亚洲、北美洲三个地区（表 2.2）。

表 2.2
城市数字化转型指数：转型绩效的区域结构

资料来源：作者整理编制。

排名	城　市	得　分	所属洲
1	纽约	71.53	北美洲
2	东京	67.34	亚洲
3	洛杉矶	61.46	北美洲
4	伦敦	57.49	欧洲
5	芝加哥	57.40	北美洲
6	旧金山	57.10	北美洲
7	北京	55.62	亚洲
8	上海	54.39	亚洲
9	香港	53.26	亚洲
10	新加坡	50.31	亚洲
11	多伦多	48.73	北美洲
12	首尔	48.03	亚洲
13	巴黎	45.44	欧洲
14	台北	45.13	亚洲
15	悉尼	42.62	大洋洲
16	墨尔本	38.04	大样洲
17	大阪	36.18	亚洲
18	马德里	33.12	欧洲
19	米兰	32.55	欧洲
20	斯德哥尔摩	29.70	欧洲
21	阿姆斯特丹	29.29	欧洲
22	伊斯坦布尔	28.58	亚洲
23	圣保罗	28.15	南美洲
24	慕尼黑	27.70	欧洲

排名	城　市	得　分	所属洲
25	孟买	27.69	亚洲
26	都柏林	26.22	欧洲
27	墨西哥城	25.17	北美洲
28	新德里	25.13	亚洲
29	莫斯科	24.80	欧洲
30	哥本哈根	24.17	欧洲
31	迪拜	19.41	亚洲
32	布鲁塞尔	18.83	欧洲
33	雅加达	17.71	亚洲
34	吉隆坡	17.50	亚洲
35	曼谷	16.51	亚洲
36	华沙	16.39	欧洲
37	法兰克福	16.21	欧洲
38	班加罗尔	14.07	亚洲
39	约翰内斯堡	8.57	非洲

　　具体来看，在数字化转型绩效前十强中，欧洲城市 1 个：伦敦，占比 10%；亚洲城市 5 个：东京、北京、上海、香港、新加坡，占比高达 50%，充分说明了亚洲城市在数字化转型方面取得的巨大成就。北美洲有 4 个城市进入十强：纽约、洛杉矶、旧金山、芝加哥，占比 40%（图 2.2）。

图 2.2
数字化转型绩效前十强城市的区域结构

资料来源：作者根据研究数据绘制。

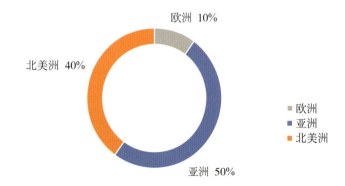

欧洲 10%

北美洲 40%

亚洲 50%

■ 欧洲
■ 亚洲
■ 北美洲

把比较的范围继续扩大，在数字化转型绩效前 20 强中，有大洋洲的城市悉尼、墨尔本加入（占比 10%），但依然没有南美洲、非洲的城市加入，还是由亚洲、欧洲、北美洲三大洲城市主导。其中，亚洲城市占比 40%，欧洲占比 25%，北美洲占比 25%（图 2.3）。

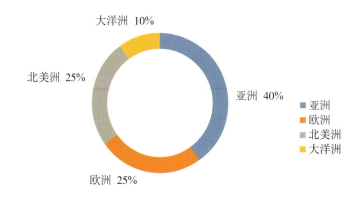

图 2.3
数字化转型绩效前 20 强城市的区域结构

资料来源：作者根据研究数据绘制。

2.1.3 区域排名

1. 亚洲数字化转型绩效前十强城市的区域排名。亚洲前十强城市由中国、日本、韩国、印度和土耳其五国所包揽，排名第 1 到第 10 的城市依次是东京、北京、上海、香港、新加坡、首尔、台北、大阪、伊斯坦布尔、孟买，它们的全球排名（即在 39 个样本城市中的排名）依次是第 2、第 7、第 8、第 9、第 10、第 12、第 14、第 17、第 22、第 25（表 2.3）。

表 2.3
亚洲数字化转型绩效前十强城市

资料来源：作者整理编制。

城市	区域排名	全球排名	城市	区域排名	全球排名
东京	1	2	首尔	6	12
北京	2	7	台北	7	14
上海	3	8	大阪	8	17
香港	4	9	伊斯坦布尔	9	22
新加坡	5	10	孟买	10	25

2. 欧洲数字化转型绩效前十强城市的区域排名。前十强城市依次是伦敦、巴黎、马德里、米兰、斯德哥尔摩、阿姆斯特丹、慕尼黑、都柏林、莫斯科、哥本哈根，它们的全球排名（即在 39 个样本城市中的排名）依次是第 4、第 13、第 18、第 19、第 20、第 21、第 24、第 26、第 29、第 30（表 2.4）。

表 2.4
欧洲数字化转型绩效前十强城市的区域排名

资料来源：作者整理编制。

城市	区域排名	全球排名	城市	区域排名	全球排名
伦敦	1	4	阿姆斯特丹	6	21
巴黎	2	13	慕尼黑	7	24
马德里	3	18	都柏林	8	26
米兰	4	19	莫斯科	9	29
斯德哥尔摩	5	20	哥本哈根	10	30

3. 北美洲数字化转型绩效前五强城市的区域排名。前五强城市依次是美国的纽约、洛杉矶、芝加哥、旧金山，以及加拿大的多伦多，它们的全球排名（即在 39 个样本城市中的排名）依次是第 1、第 3、第 5、第 6、第 11（表 2.5）。

表 2.5
北美洲数字化转型绩效前五强城市的排名

资料来源：作者整理编制。

城市	所属国家	区域排名	全球排名
纽约	美国	1	1
洛杉矶	美国	2	3
芝加哥	美国	3	5
旧金山	美国	4	6
多伦多	加拿大	5	11

2.2 绩效视角下城市数字化转型指数的分领域评价

根据既定的评价步骤，计算出 39 个样本城市数字化转型的四个分领域转型绩效的综合得分和排名（图 2.4）。

基础设施数字化转型绩效排名		
排名	城　市	得分
1	北京	69.43
2	上海	63.37
3	香港	61.87
4	纽约	54.80
5	洛杉矶	53.13
6	首尔	53.08
7	东京	52.65
8	新加坡	48.83
9	伦敦	48.38
10	芝加哥	47.23
11	巴黎	46.75
12	多伦多	43.22
13	悉尼	42.93
14	墨尔本	41.90
15	米兰	41.50
16	斯德哥尔摩	40.29
17	迪拜	39.42
18	阿姆斯特丹	39.25
19	旧金山	39.17
20	台北	37.09
21	慕尼黑	36.37
22	圣保罗	36.18
23	马德里	34.95
24	大阪	34.21
25	墨西哥城	32.85
26	莫斯科	32.13
27	布鲁塞尔	31.67
28	哥本哈根	31.03
29	华沙	29.30
30	法兰克福	26.59
31	吉隆坡	25.07
32	伊斯坦布尔	24.27
33	都柏林	24.21
34	曼谷	22.58
35	雅加达	22.26
36	约翰内斯堡	19.27
37	孟买	18.48
38	新德里	17.53
39	班加罗尔	14.10

经济数字化转型绩效排名		
排名	城　市	得分
1	东京	63.37
2	旧金山	50.39
3	北京	47.51
4	纽约	43.96
5	上海	43.15
6	香港	39.11
7	台北	34.36
8	新加坡	30.57
9	都柏林	30.47
10	首尔	28.63
11	洛杉矶	27.07
12	大阪	26.93
13	孟买	26.91
14	伦敦	26.24
15	芝加哥	25.57
16	巴黎	23.02
17	新德里	22.71
18	多伦多	19.89
19	慕尼黑	18.41
20	斯德哥尔摩	17.60
21	马德里	15.50
22	悉尼	14.89
23	米兰	14.69
24	墨尔本	13.88
25	班加罗尔	13.63
26	阿姆斯特丹	13.24
27	莫斯科	11.62
28	吉隆坡	11.57
29	迪拜	10.38
30	布鲁塞尔	9.88
31	哥本哈根	9.68
32	圣保罗	9.65
33	华沙	9.55
34	法兰克福	8.82
35	伊斯坦布尔	7.73
36	雅加达	7.03
37	曼谷	6.33
38	墨西哥城	5.99
39	约翰内斯堡	3.53

图 2.4　城市数字化转型四个分领域转型绩效排名

资料来源：作者根据研究数据绘制。

生活数字化转型绩效排名				治理数字化转型绩效排名		
排名	城　市	得分		排名	城　市	得分
1	纽约	97.28		1	东京	90.87
2	洛杉矶	79.58		2	纽约	90.07
3	芝加哥	73.25		3	洛杉矶	86.06
4	伦敦	71.95		4	芝加哥	83.55
5	东京	62.47		5	伦敦	83.39
6	旧金山	61.42		6	旧金山	77.41
7	多伦多	61.15		7	多伦多	70.65
8	新加坡	57.17		8	首尔	69.74
9	上海	54.06		9	巴黎	67.49
10	北京	50.88		10	新加坡	64.66
11	悉尼	50.14		11	台北	64.39
12	香港	49.07		12	香港	62.99
13	台北	44.70		13	悉尼	62.52
14	巴黎	44.51		14	上海	56.99
15	墨尔本	40.85		15	墨尔本	55.54
16	首尔	40.66		16	北京	54.66
17	伊斯坦布尔	40.64		17	大阪	53.85
18	马德里	37.57		18	马德里	44.45
19	圣保罗	32.47		19	米兰	42.64
20	米兰	31.39		20	伊斯坦布尔	41.68
21	大阪	29.74		21	阿姆斯特丹	40.04
22	斯德哥尔摩	26.38		22	孟买	39.76
23	孟买	25.61		23	墨西哥城	37.09
24	墨西哥城	24.74		24	新德里	37.07
25	都柏林	24.64		25	哥本哈根	35.29
26	阿姆斯特丹	24.62		26	斯德哥尔摩	34.54
27	曼谷	23.59		27	圣保罗	34.31
28	新德里	23.21		28	慕尼黑	33.39
29	慕尼黑	22.63		29	莫斯科	33.35
30	雅加达	22.47		30	都柏林	25.56
31	莫斯科	22.10		31	法兰克福	20.70
32	吉隆坡	20.78		32	班加罗尔	19.39
33	哥本哈根	20.69		33	雅加达	19.09
34	布鲁塞尔	18.93		34	华沙	15.79
35	迪拜	18.87		35	布鲁塞尔	14.86
36	华沙	10.92		36	曼谷	13.53
37	班加罗尔	9.15		37	吉隆坡	12.56
38	法兰克福	8.74		38	约翰内斯堡	9.59
39	约翰内斯堡	1.88		39	迪拜	8.97

2.2.1　基础设施数字化转型绩效

绩效视角下的基础设施数字化转型指标体系由数字化基础设施、政策环境和资源要素支撑 3 个指标组成。根据既定的权重标准以及计算方法，最终得到指数结构（表 2.6）。

表 2.6
城市基础设施数字化转型绩效得分与排名

城　市	绩效得分	绩效排名	数字化基础设施		政策环境		资源要素支撑	
			得分	排名	得分	排名	得分	排名
北京	69.43	1	67.91	2	74.31	1	66.08	3
上海	63.37	2	69.09	1	72.06	2	48.96	9
香港	61.87	3	49.96	6	64.12	8	71.53	1
纽约	54.8	4	43.91	9	51.67	23	68.81	2
洛杉矶	53.13	5	42.05	10	51.31	25	66.03	4
首尔	53.08	6	66.32	3	65.22	6	27.7	18
东京	52.65	7	60.36	5	45.49	33	52.1	7
新加坡	48.83	8	39.66	14	50	27	56.82	6
伦敦	48.38	9	32.95	17	54.76	16	57.42	5
芝加哥	47.23	10	40.89	12	53.71	20	47.08	11
巴黎	46.75	11	30.36	21	63.86	9	46.03	12
多伦多	43.22	12	42.02	11	55.39	15	32.26	13
悉尼	42.93	13	49.88	7	51.73	22	27.18	19
墨尔本	41.9	14	45.99	8	54.29	18	25.43	20
米兰	41.5	15	26.7	23	70.03	3	27.76	17
斯德哥尔摩	40.29	16	30.68	20	59.31	13	30.88	15
迪拜	39.42	17	61.12	4	48.31	31	8.83	27
阿姆斯特丹	39.25	18	31.86	18	53.97	19	31.9	14
旧金山	39.17	19	38.05	15	51.31	25	28.14	16
台北	37.09	20	40	13	48.67	30	22.61	21
慕尼黑	36.37	21	27.04	22	60.62	11	21.46	22
圣保罗	36.18	22	10.51	35	48.02	32	50	8
马德里	34.95	23	22.65	25	67.68	4	14.53	24
大阪	34.21	24	34.05	16	51.35	24	17.24	23

城　市	绩效得分	绩效排名	数字化基础设施		政策环境		资源要素支撑	
			得分	排名	得分	排名	得分	排名
墨西哥城	32.85	25	9.5	36	41.54	38	47.5	10
莫斯科	32.13	26	23.57	24	58.55	14	14.28	25
布鲁塞尔	31.67	27	18.32	28	67.47	5	9.21	26
哥本哈根	31.03	28	31.4	19	53.35	21	8.35	28
华沙	29.3	29	16.09	30	64.25	7	7.56	29
法兰克福	26.59	30	18.37	27	60.62	11	0.77	37
吉隆坡	25.07	31	11.26	34	62.64	10	1.31	36
伊斯坦布尔	24.27	32	17.76	29	48.92	29	6.14	30
都柏林	24.21	33	13.95	32	54.76	16	3.92	33
曼谷	22.58	34	21.06	26	45.04	34	1.64	35
雅加达	22.26	35	13.63	33	50	27	3.15	34
约翰内斯堡	19.27	36	15.06	31	42.74	35	0	39
孟买	18.48	37	7.91	37	41.58	36	5.94	31
新德里	17.53	38	6.87	38	40.48	39	5.25	32
班加罗尔	14.1	39	0	39	41.58	36	0.72	38

资料来源：作者测算编制。

　　从基础设施数字化转型绩效的综合排名来看，中国城市北京、上海和香港位居榜单的前三甲，而且是仅有的得分超过 60 的三个城市。这表明中国城市在基础设施数字化转型上领先全球，这与中国重视新型数字化基础设施建设密切相关。而前十强中除了 3 个中国城市外，其他均为发达经济体的全球城市，这表明在基础设施数字化转型上，发达经济体全球城市仍处于全球领先地位，与除中国之外的新兴经济体城市相比，有着更高的数字化水平。欧洲城市除了伦敦、巴黎排名靠前，其他城市排名集中在第 15—30 名之间，一方面表明欧洲基础设施相对较为老化，数字化改造效果不佳，另一方面也显示欧洲城市数字化基础设施具有同构性与同质性。

　　从基础设施数字化转型绩效的二级指标来看，"数字化基础设施"得分前十强中共有 6 个亚洲城市，2 个大洋洲城市和 2 个北美洲城市，无一欧洲城市。尤其是上海、北京、首尔、迪拜、东京、香港 6 个亚洲城市占据第 1 名至第 6 名，充分说明亚洲城市在数字化基础设施上全球领先的发展水平。

具体来看，在"网速"绩效上，前十强被亚洲城市主导，其中迪拜、首尔、上海、北京分列第1—4名，且明显领先于第5名的悉尼，台北位列第10名（图2.5）。在"手机渗透率"绩效上，前十强被中国、日本和美国城市包揽。其中东京位列第1，且远超第2名的香港（图2.6）。

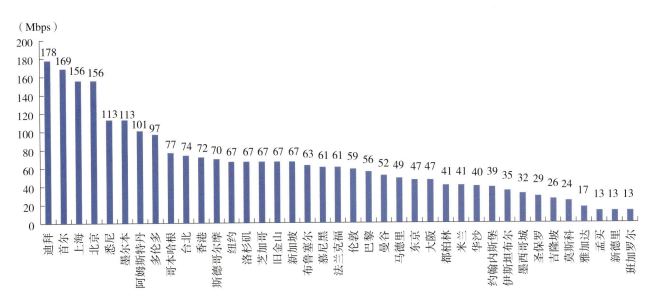

图2.5 "网速"绩效

资料来源：作者根据研究数据绘制。

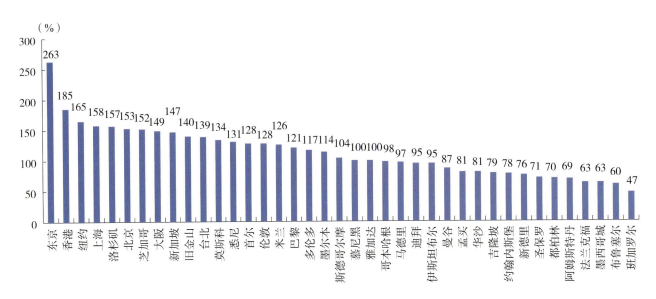

图2.6 "手机渗透率"绩效

资料来源：作者根据研究数据绘制。

"政策环境"二级指标得分前十强则被亚洲城市和欧洲城市均分。其中，北京、上海位列前 2 名，表明中国在政策环境上对城市数字化转型起到了良好的促进作用。米兰、马德里、布鲁塞尔等欧洲中小型城市进入前十强，主要原因在于实施了较为严格的隐私保护政策。而纽约、伦敦、新加坡、香港等全球贸易和金融中心或由于隐私保护不佳，或由于高连通性对数据安全产生的威胁，而难以在此项指标上获得高分（图 2.7、图 2.8）。

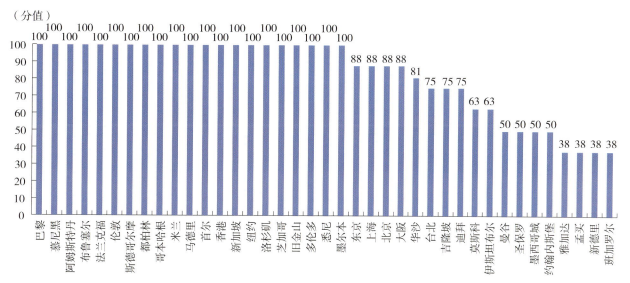

图 2.7 "隐私保护度"绩效

资料来源：作者根据研究数据绘制。

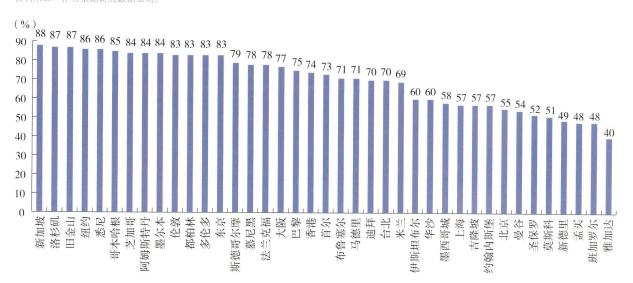

图 2.8 "易受攻击的计算机占比"绩效

资料来源：作者根据研究数据绘制。

而在"资源要素支撑"二级指标上，全球城市展现出与其实力相匹配的数字化转型底蕴。其中，香港凭借 3 所 QS 世界大学计算机 & IT 专业实力排名全球前 25 的高校而占据首位。新加坡、伦敦、北京、纽约、洛杉矶、多伦多、东京等全球城市分列第 2—7 名，表现出全球经济、贸易和金融中心城市在人才和资本领域具备极强的数字化转型支撑能力。与此同时，圣保罗和墨西哥城两座美洲相对欠发达的城市进入前十强，主要原因是这两座城市"在 ICT 投资的 GDP 占比"绩效上分别位列第 1 和第 2 名。

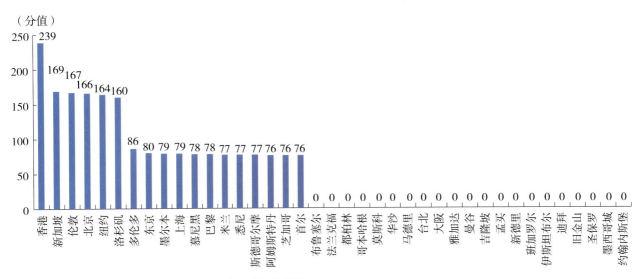

图 2.9　"所属 QS 世界大学计算机 & IT 专业实力"绩效

资料来源：作者根据研究数据绘制。

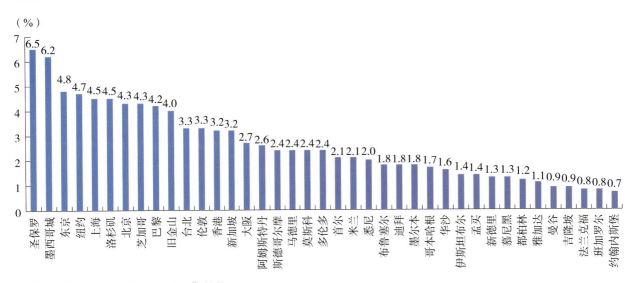

图 2.10　"ICT 投资的 GDP 占比"绩效

资料来源：作者根据研究数据绘制。

2.2.2 经济数字化转型绩效

绩效视角下的经济数字化转型指标体系由数字产业化、产业数字化以及数字贸易3个二级指标组成。根据前面确定的权重标准以及计算方法，最终得到指数结构（表2.7）。

城　市	绩效得分	绩效排名	数字产业化		产业数字化		数字贸易	
			得分	排名	得分	排名	得分	排名
东京	63.37	1	90.86	1	56.84	3	42.4	9
旧金山	50.39	2	50	3	69.89	1	31.29	14
北京	47.51	3	60.02	2	30.29	13	52.21	6
纽约	43.96	4	35.06	4	59.43	2	37.37	10
上海	43.15	5	19.07	8	29.31	14	81.07	1
香港	39.11	6	29.44	6	31.08	10	56.82	3
台北	34.36	7	13.85	10	30.8	11	58.43	2
新加坡	30.57	8	6.48	14	42.69	7	42.54	8
都柏林	30.47	9	21.77	7	17.34	24	52.3	5
首尔	28.63	10	4.1	20	54.69	4	27.11	16
洛杉矶	27.07	11	0	26	45.77	6	35.45	11
大阪	26.93	12	29.5	5	28.23	16	23.07	21
孟买	26.91	13	15.09	9	11.03	32	54.62	4
伦敦	26.24	14	7.76	12	49.06	5	21.91	23
芝加哥	25.57	15	0	26	42.48	8	34.24	12
巴黎	23.02	16	12.12	11	30.77	12	26.18	17
新德里	22.71	17	5.51	18	11.17	30	51.44	7
多伦多	19.89	18	6.14	15	31.3	9	22.23	22
慕尼黑	18.41	19	7.75	13	21.63	19	25.86	18
斯德哥尔摩	17.6	20	0	26	21.11	20	31.68	13
马德里	15.5	21	3.45	22	18.91	23	24.12	20

城　市	绩效得分	绩效排名	数字产业化		产业数字化		数字贸易	
			得分	排名	得分	排名	得分	排名
悉尼	14.89	22	0	26	28.92	15	15.77	29
米兰	14.69	23	0	26	22.47	18	21.61	24
墨尔本	13.88	24	3.5	21	24.69	17	13.46	34
班加罗尔	13.63	25	5.99	16	4.36	37	30.55	15
阿姆斯特丹	13.24	26	4.84	19	19	22	15.89	28
莫斯科	11.62	27	0.28	25	19.58	21	15.01	32
吉隆坡	11.57	28	1.24	24	8.31	35	25.17	19
迪拜	10.38	29	0	26	16.3	25	14.84	33
布鲁塞尔	9.88	30	0	26	13.38	28	16.27	27
哥本哈根	9.68	31	0	26	15.64	26	13.41	35
圣保罗	9.65	32	0	26	11.31	29	17.62	26
华沙	9.55	33	0	26	9.6	33	19.06	25
法兰克福	8.82	34	0	26	11.1	31	15.36	31
伊斯坦布尔	7.73	35	0	26	13.85	27	9.34	37
雅加达	7.03	36	0	26	5.4	36	15.68	30
曼谷	6.33	37	2.68	23	8.44	34	7.86	39
墨西哥城	5.99	38	5.97	17	4.08	38	7.94	38
约翰内斯堡	3.53	39	0	26	0.3	39	10.29	36

资料来源：作者测算编制。

在经济数字化转型绩效领域，综合排名前十强城市有 7 个是亚洲城市，2 个是北美洲城市，这表明基于经济和人口的规模效应，亚洲和北美洲城市在数字经济领域具有比欧洲城市更高的水平。老牌欧洲城市大都排在第 14 到第 34 名之间的位置，相对集中。美国、日本、印度等国家的各个城市的分布位次悬殊，显示出同一经济体内数字经济发展极不平衡的特征。

从二级指标来看，"数字产业化"前十强城市的得分差距极为明显。东京位列第 1 且得分超过 90 分，比第 2 名的北京高出 30 多分，展现出东京顶尖的数字制造业和服务业实力。北京与旧金山分列第 2 名和第 3 名，又与纽约、大阪、香港等城市拉开巨大差距。北京在三级指标"数字产品制造业"和"数字服务业"绩效排名中均位列第3，而旧金山依托硅谷强大的辐射效应占据"数字服务业"绩效排名第1的位置。此外，爱尔兰都柏林和印度孟买进入前十强，主要依靠其数字服务业实力。相对来说，伦敦、巴黎等老牌欧洲城市的数字服务业和制造业的规模与市值较为靠后。

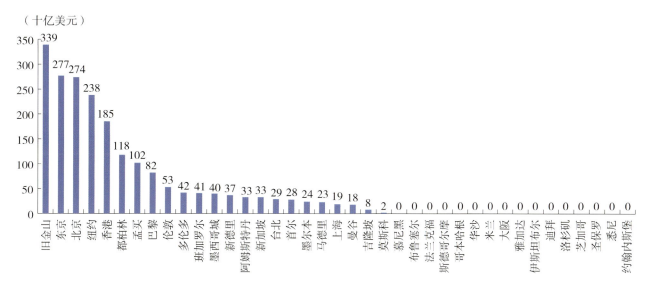

图 2.11 "大型信息服务企业市值"绩效

资料来源：作者根据研究数据绘制。

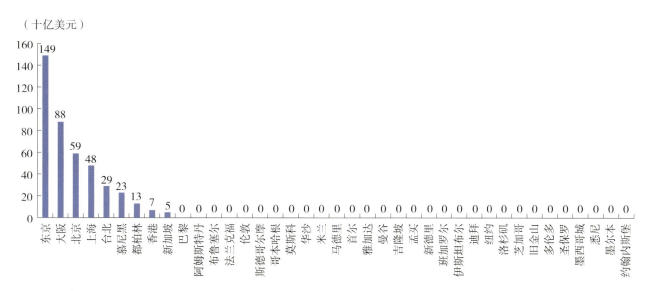

图 2.12 "大型计算机、通信和其他电子设备制造企业市值"绩效

资料来源：作者根据研究数据绘制。

在"产业数字化"二级指标上，得分前十强基本被老牌发达国家的城市包揽，新兴经济体仍处于相对落后的阶段。其中，北美洲城市有5个，分别为排名第1的旧金山、第2的纽约、第6的洛杉矶、第8的芝加哥和第9的多伦多，这些城市在制造业、金融业和商业数字化转型上的综合实力十分强劲。亚洲城市有4座，分别为排名第3的东京、第4的首尔、第7的新加坡和第10的香港。但从三级指标来看，这几个亚洲城市侧重领域各有不同：东京"工业机器人密度"绩效排名第2，"电子商务"绩效排名第1，表现出强大的制造业和商业数字化转型实力，但其金融业数字化转型有所欠缺；首尔"工业机器人密度"绩效排名第1，显示出在制造业数字化转型上的顶尖实力；新加坡制造业数字化和金融业数字化转型实力强劲；而香港则主要依托金融科技的较强实力。欧洲顶尖城市伦敦位列第5，主要表现为金融业和商业数字化转型上的强大实力。

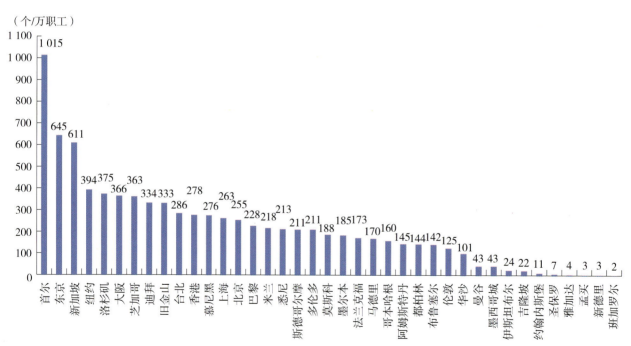

图 2.13 "工业机器人密度"绩效

资料来源：作者根据研究数据绘制。

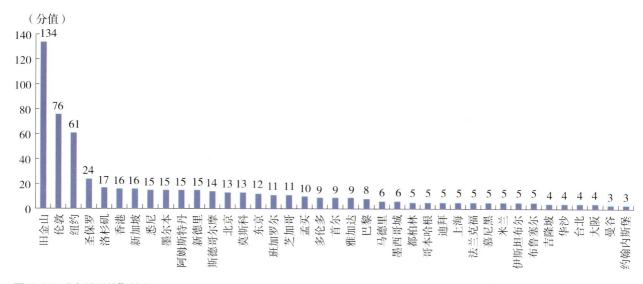

图 2.14 "金融科技"绩效

资料来源：作者根据研究数据绘制。

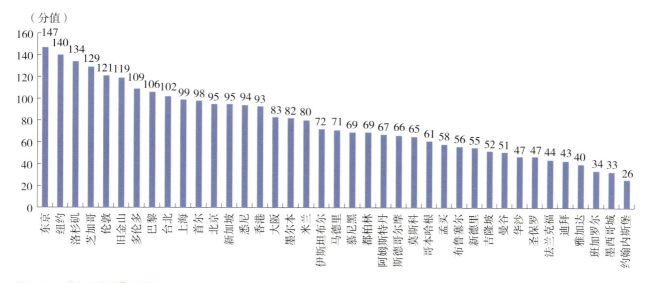

图 2.15 "电子商务"绩效

资料来源：作者根据研究数据绘制。

"数字贸易"指标上的排名，并非人们想象的那样是欧美城市的专属。在反映数字贸易的产品贸易和服务贸易前十强榜单上，欧美城市仅有都柏林和纽约上榜，且仅位列第 5 名和第 10 名，其余全部是亚洲城市。其中，上海得分超过 80，大幅领先第 2 名的台北，而第 2—7 名差距不大。事实上，信息和数字技术在全球的扩张和普及弥补了发展中经济体的"信息鸿沟"以及技术不足，再加上发展中经济体的这些城市本来就是全球信息技术制造业和服务业产业链条中的重要节点，尤其还是全球性或区域性贸易中心，因此无论在数字产品贸易还是数字服务贸易方面都远超欧美城市。这一点在中国城市上海、台北和香港，以及印度城市孟买和新德里上表现得尤为明显。

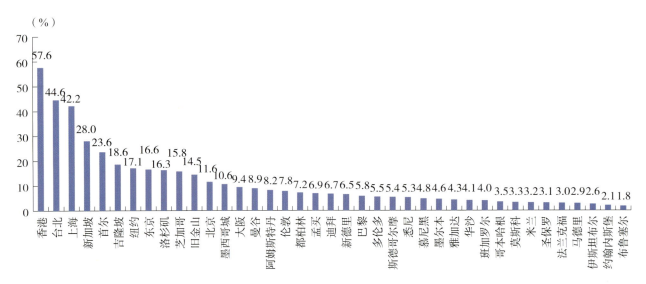

图 2.16 "计算机、通信和其他电子设备贸易占货物贸易比重"绩效

资料来源：作者根据研究数据绘制。

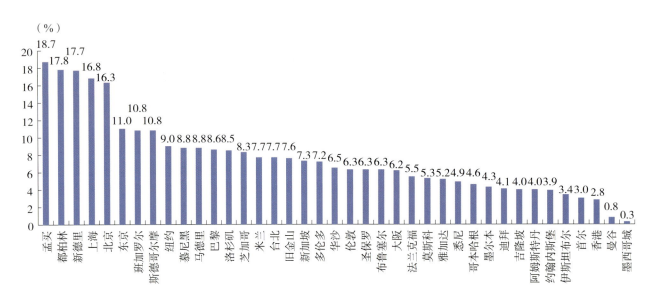

图 2.17 "信息服务贸易占服务贸易比重"绩效

资料来源：作者根据研究数据绘制。

2.2.3　生活数字化转型绩效

绩效视角下的城市生活数字化转型指标体系由教育数字化、购物数字化、交往数字化、求职数字化4个二级指标组成。根据既定的权重标准以及计算方法，最终得到指数结构（表2.8）。

表2.8
城市生活数字化转型绩效得分与排名

城　　市	绩效得分	绩效排名	教育数字化		购物数字化		交往数字化		求职数字化	
			得分	排名	得分	排名	得分	排名	得分	排名
纽约	97.28	1	100	1	100	1	89.11	2	100	1
洛杉矶	79.58	2	95.19	2	94.44	3	83.89	3	45.97	5
芝加哥	73.25	3	39.07	11	84.72	5	80.62	4	83.22	2
伦敦	71.95	4	88.33	3	86.49	4	79.46	6	31.14	9
东京	62.47	5	49.24	8	97.6	2	100	1	4.06	34
旧金山	61.42	6	74.14	5	60.65	11	72.62	9	25.8	10
多伦多	61.15	7	79.8	4	76.61	7	80.13	5	9.44	23
新加坡	57.17	8	64.01	6	54.16	13	63.70	14	45.62	6
上海	54.06	9	40.62	10	77.3	6	70.13	10	18.68	14
北京	50.88	10	36.7	13	50.08	15	67.28	12	48.96	4
悉尼	50.14	11	58.47	7	47.55	18	61.91	15	22.32	12
香港	49.07	12	38.89	12	73.73	8	65.75	13	14.15	16
台北	44.70	13	36.25	14	64.57	9	74.05	8	13.66	17
巴黎	44.51	14	35.74	15	61.31	10	67.91	11	4.36	33
墨尔本	40.85	15	31.21	17	40.97	22	44.64	20	45.33	7
首尔	40.66	16	20.01	25	57.24	12	75.36	7	8.27	25
伊斯坦布尔	40.64	17	24.77	19	50.03	16	53.14	16	31.41	8
马德里	37.57	18	46.4	9	41.57	21	46.59	18	17.56	15
圣保罗	32.47	19	16.69	30	31.97	25	31.46	31	53.12	3
米兰	31.39	20	22.48	21	52.42	14	45.66	19	5.98	27
大阪	29.74	21	23.68	20	47.24	19	48.82	17	0	39
斯德哥尔摩	26.38	22	32.56	16	27.29	29	39.68	22	5.33	31
孟买	25.61	23	16.62	31	28.85	27	13.40	36	21.58	13

城 市	绩效得分	绩效排名	教育数字化		购物数字化		交往数字化		求职数字化	
			得分	排名	得分	排名	得分	排名	得分	排名
墨西哥城	24.74	24	19.86	26	26.27	30	34.01	29	10.95	19
都柏林	24.64	25	22.14	22	48.62	17	36.11	25	12.41	18
阿姆斯特丹	24.62	26	6.78	35	28.84	28	40.78	21	25.28	11
曼谷	23.59	27	18.65	28	28.89	26	32.62	30	10.39	22
新德里	23.21	28	12.74	33	34.6	24	11.63	37	4.69	32
慕尼黑	22.63	29	20.35	24	24.77	32	38.52	23	5.41	29
雅加达	22.47	30	20.72	23	45.27	20	29.21	32	10.94	20
莫斯科	22.10	31	6.62	36	40.87	23	37.73	24	10.47	21
吉隆坡	20.78	32	17.78	29	20.24	34	34.89	26	9.37	24
哥本哈根	20.69	33	15.48	32	25.54	31	34.43	28	5.38	30
布鲁塞尔	18.93	34	19.6	27	21.94	33	28.97	33	5.49	28
迪拜	18.87	35	28.6	18	10.45	38	34.45	27	1.89	36
华沙	10.92	36	0	39	19.84	35	20.09	34	2.23	35
班加罗尔	9.15	37	4.38	38	11.82	37	0.00	39	1.85	37
法兰克福	8.74	38	8.81	34	17.1	36	17.33	35	8.14	26
约翰内斯堡	1.88	39	5.97	37	0	39	0.35	38	1.64	38

资料来源：作者测算编制。

　　生活数字化转型绩效领域是北美洲城市和亚洲城市的强项，前十强城市有 5 个北美洲城市（其中纽约、洛杉矶和芝加哥占据前 3 名，旧金山位列第 6 名，多伦多位列第 7 名），4 个亚洲城市（其中东京位列第 5 名，新加坡、上海和北京分列第 8—10 名）和 1 个欧洲城市（为第 4 名的伦敦）。这些城市基本都是全球主要经济体的经济中心城市，发展阶段处于全球前列，人口众多、宜居宜业，在诸多生活领域率先开展数字化转型并取得领先成果。相比之下，新兴经济体居民收入水平不佳，生活领域数字化转型整体落后。欧洲中小型城市排名同样靠后，原因主要在于其坚持较为传统的生活方式。

　　从二级指标来看，"教育数字化"前十强中，前 5 名均是北美洲城市，这既与北美洲尤其是美国在教育领域的实力密切相关，也离不开其线上教育平台和线上课程的广泛普及。在"购物数字化"前十强中，同样是美国城市占据主导地位，东京、伦敦以及中国城市上海、北京和台北都进入了前十强，表明消费能力较强的国际大都市其购物数字化转型同样走在前列。在"交往数字化"前十强中，东京得分第1，纽约、洛杉矶分列第2名和第3名，这或许与东京紧凑的工作和生活节奏相关。在"求职数字化"前十强中，纽约和伦敦位列前2名，大幅领先第3名的圣保罗，原因主要在于这两座城市汇聚和吸引了全球最多的国际人才，而国际人才更青睐于使用能够将简历发至全球各地的数字化求职方式。

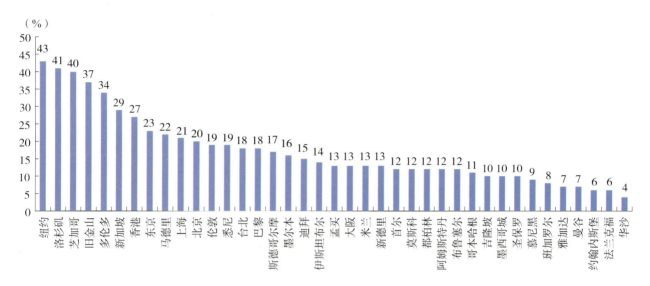

图 2.18 "在线学习人数在 16—74 岁人群中占比"绩效

资料来源：作者根据研究数据绘制。

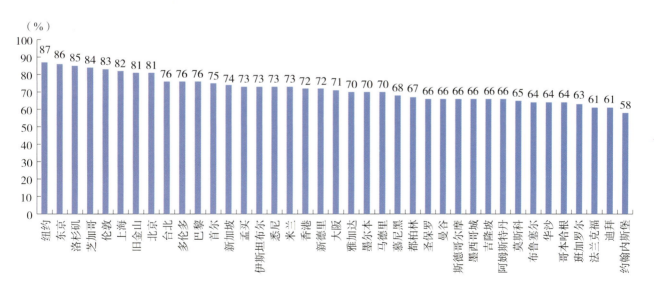

图 2.19 "线上购物人口占比"绩效

资料来源：作者根据研究数据绘制。

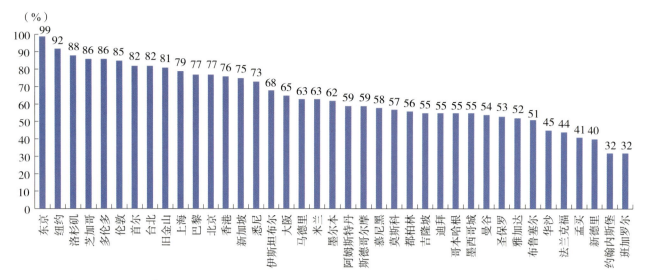

图 2.20 "社交媒体渗透率"绩效

资料来源：作者根据研究数据绘制。

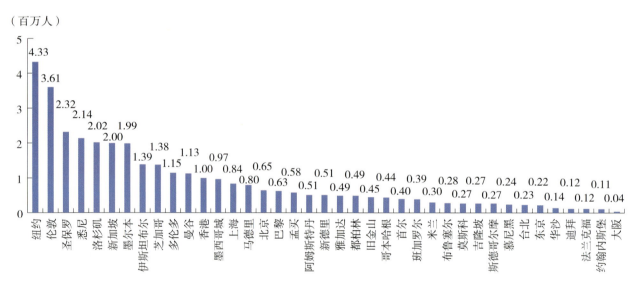

图 2.21 "通过 LinkedIn 求职的人数"绩效

资料来源：作者根据研究数据绘制。

2.2.4 治理数字化转型绩效

绩效视角下的治理数字化转型指标体系由数据开放、政府服务数字化、参与数字化 3 个二级指标组成。根据既定的权重标准以及计算方法，最终得到指数结构（表 2.9）。

表 2.9　城市治理数字化转型绩效得分与排名

城　市	绩效得分	绩效排名	数据开放		政府服务数字化		参与数字化	
			得分	排名	得分	排名	得分	排名
东京	90.87	1	72.60	13	100.00	1	100.00	1
纽约	90.07	2	79.45	9	97.81	2	92.95	2
洛杉矶	86.06	3	79.45	9	91.60	3	87.14	3
芝加哥	83.55	4	79.45	9	87.71	4	83.49	4
伦敦	83.39	5	100.00	1	78.72	6	71.44	8
旧金山	77.41	6	79.45	9	78.20	7	74.59	7
多伦多	70.65	7	93.15	2	58.13	12	60.66	9
首尔	69.74	8	86.30	5	65.20	9	57.71	11
巴黎	67.49	9	86.30	5	60.55	11	55.62	12
新加坡	64.66	10	89.04	3	55.19	14	49.74	15
台北	64.39	11	72.60	13	61.19	10	59.36	10
香港	62.99	12	89.04	3	50.10	15	49.83	14
悉尼	62.52	13	80.82	7	55.90	13	50.85	13
上海	56.99	14	10.96	35	81.49	5	78.53	5
墨尔本	55.54	15	80.82	7	44.90	18	40.91	19
北京	54.66	16	10.96	35	77.89	8	75.13	6
大阪	53.85	17	72.60	13	43.76	19	45.18	17
马德里	44.45	18	69.86	17	35.19	22	28.30	23
米兰	42.64	19	52.05	23	40.58	21	35.28	21
伊斯坦布尔	41.68	20	31.51	27	48.18	16	45.37	16
阿姆斯特丹	40.04	21	69.86	17	25.03	27	25.24	24
孟买	39.76	22	31.51	27	46.40	17	41.37	18
墨西哥城	37.09	23	72.60	13	20.62	28	18.06	30
新德里	37.07	24	31.51	27	42.13	20	37.56	20
哥本哈根	35.29	25	58.90	21	25.12	26	21.85	27
斯德哥尔摩	34.54	26	56.16	22	27.57	24	19.89	28
圣保罗	34.31	27	52.05	23	25.99	25	24.89	25
慕尼黑	33.39	28	65.75	19	17.86	30	16.58	31
莫斯科	33.35	29	38.36	25	30.95	23	30.74	22
都柏林	25.56	30	34.25	26	19.92	29	22.52	26
法兰克福	20.70	31	61.64	20	0.01	38	0.44	38
班加罗尔	19.39	32	31.51	27	14.09	34	12.58	36
雅加达	19.09	33	20.55	33	17.32	32	19.40	29
华沙	15.79	34	17.81	34	13.23	36	16.33	32

城　市	绩效得分	绩效排名	数据开放		政府服务数字化		参与数字化	
			得分	排名	得分	排名	得分	排名
布鲁塞尔	14.86	35	31.51	27	7.08	37	5.98	37
曼谷	13.53	36	10.96	35	16.31	33	13.31	35
吉隆坡	12.56	37	4.11	38	17.74	31	15.83	33
约翰内斯堡	9.59	38	28.77	32	0.00	39	0.00	39
迪拜	8.97	39	0.00	39	13.40	35	13.51	34

资料来源：作者测算编制。

治理数字化转型绩效领域，前十强均为北美洲、亚洲和欧洲老牌城市，无一座新兴经济体城市。其中，东京、纽约分列第 1、第 2 名，得分均超过 90 分。美国四大城市均进入前十强，主要凭借"政府服务数字化"和"参与数字化"二级指标上更加领先的地位。而欧洲城市伦敦和巴黎则在"数据开放"二级指标上排名更加靠前。中国城市未进入前十强，尽管在"政府服务数字化"和"参与数字化"上，上海与北京均进入前 10 名，但由于在"数据开放"的排名上太过靠后，导致整体分数难以进入前 10 名。

从二级指标来看，"数据开放"前十强中，欧洲城市伦敦和巴黎分别位于第 1 和第 5，其他欧洲城市普遍位于第 18—28 名，这与欧盟对数据开放的较高要求密切相关。相比之下，亚洲新兴经济体城市普遍排名靠后，其数据开放度有待提

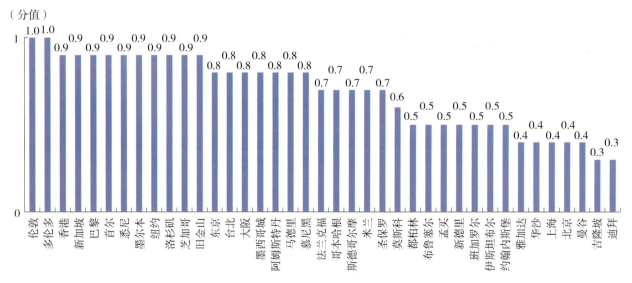

图 2.22　"数据开放"绩效

资料来源：作者根据研究数据绘制。

高。同时，澳大利亚两个城市悉尼和墨尔本也都进入十强之内，而美国城市均处于第 9—12 名。在"政府服务数字化"领域，亚洲城市取得了不错的成绩，东京位居榜首，上海、北京、首尔和台北均进入前十强。在"参与数字化"领域，东京同样位列第 1，美国城市紧随其后，纽约、洛杉矶、芝加哥、旧金山分列第 2、第 3、第 4、第 7 名，中国城市上海和北京分列第 5、第 6 名。

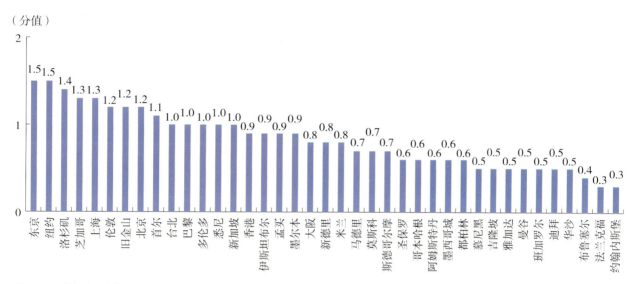

图 2.23 "在线服务"绩效

资料来源：作者根据研究数据绘制。

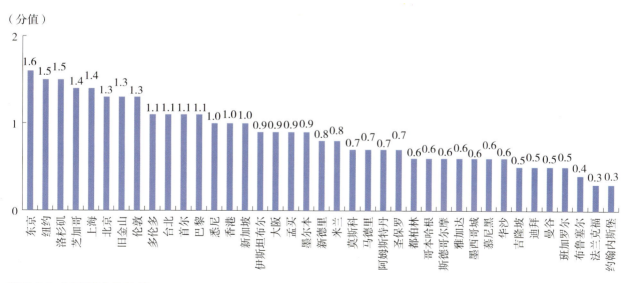

图 2.24 "电子参与"绩效

资料来源：作者根据研究数据绘制。

2020 年 11 月 25 日，欧盟委员会提出了《数据治理法案》（以下称"法案"）。该法案将促进整个欧盟以及各部门之间的数据共享，从而在提升公民和企业对数据掌控力度和信任程度的同时，为欧盟经济发展和社会治理提供支撑。

法案通过对公共机构的数据、数据中介机构、数据利他主义三个主要要素的规制形成了整个立法框架的体系。一是支持促进开发公共机构共享其持有的由于敏感暂时尚未得到共享使用的数据，如出于保护个人权利、企业商业秘密和知识产权的需要而尚未进行共享的数据。二是创立数据中介机构，允许数据共享服务提供者以非营利的性质促进个人、企业间的数据交换。法案以数据中介机构为中立第三方平台明确了促进数据共享的一系列原则。三是促进数据利他主义的发展，即为个人或企业自愿提供数据创建有利条件和安全环境，以官方的名义将从事数据利他活动的组织注册为"欧盟认可的数据利他主义组织"，以提高整个社会对该组织的信任度，为其开展相关活动提供便利。

法案建立了以数据保护为前提，最大程度实现数据共享流通的法律框架体系。欧盟一直将个人数据保护权利作为基本人权对待，在个人数据保护方面，欧盟《通用数据保护条例》（GDPR）是不可逾越的底线。法案虽然规定了公共机构掌握的有关涉及个人信息、企业商业秘密和知识产权等数据的重用，但同时也明确规定在公共机构数据重用中涉及个人数据保护、知识产权、商业秘密或其他商业敏感信息问题的，也必须首先遵守相关的法律法规，同时规定公共部门应当通过匿名化等技术处理手段，或要求重用数据者签署具有法律约束力的机密协议达到法律要求。由此可见，从另一个角度讲，法案在一定程度上是对 GDPR 限制过严的一种修正，对于公共机构掌握的数据，除在《开放数据指令》框架下向社会公开外，还可以通过更加强化的数据保护措施来实现涉及个人信息、企业机密等敏感数据的重用。

资料来源：刘耀华，《欧盟公布〈数据治理法案〉，大力推动单一数字市场建立》，信通院互联网法律研究中心，2020 年。

2.3　绩效视角下数字化转型城市的分类

本报告根据 2020 年城市数字化转型绩效得分，从 39 个样本城市中选出四种类型的城市：全面型城市、三领域突出城市、双领域突出城市和单领域突出城市。其选择的标准为：在四个一级指标中，全面型城市全部进入前 10 名，三领域突出城市、双领域突出城市和单领域突出城市则分别有 3 个、2 个、1 个指标进入前10 名（表 2.10）。根据这一规则，全面型城市有：纽约、东京、新加坡；三领域突出城市有：洛杉矶、伦敦、芝加哥、旧金山、北京、上海、首尔；双领域突出城市有：香港、多伦多；单领域突出城市有：巴黎、台北、都柏林（表 2.11）。

表 2.10
分领域数字化转型绩效进入前 10 名的次数

资料来源：作者整理编制。

排名	城 市	分领域数字化转型排名				进入前 10 名的次数
		基础设施	经济	生活	治理	
1	纽约	4	4	1	2	4
2	东京	7	1	5	1	4
3	洛杉矶	5	11	2	3	3
4	伦敦	9	14	4	5	3
5	芝加哥	10	15	3	4	3
6	旧金山	19	2	6	6	3
7	北京	1	3	10	16	3
8	上海	2	5	9	14	3
9	香港	3	6	12	12	2
10	新加坡	8	8	8	10	4
11	多伦多	12	18	7	7	2
12	首尔	6	10	16	8	3
13	巴黎	11	16	14	9	1
14	台北	20	7	13	11	1
15	悉尼	13	22	11	13	0
16	墨尔本	14	24	15	15	0
17	大阪	24	12	21	17	0
18	马德里	23	21	18	18	0
19	米兰	15	23	20	19	0
20	斯德哥尔摩	16	20	22	26	0
21	阿姆斯特丹	18	26	26	21	0
22	伊斯坦布尔	32	35	17	20	0
23	圣保罗	22	32	19	27	0
24	慕尼黑	21	19	29	28	0
25	孟买	37	13	23	22	0
26	都柏林	33	9	25	30	1
27	墨西哥城	25	38	24	23	0
28	新德里	38	17	28	24	0
29	莫斯科	26	27	31	29	0
30	哥本哈根	28	31	33	25	0
31	迪拜	17	29	35	39	0
32	布鲁塞尔	27	30	34	35	0
33	雅加达	35	36	30	33	0
34	吉隆坡	31	28	32	37	0
35	曼谷	34	37	27	36	0
36	华沙	29	33	36	34	0
37	法兰克福	30	34	38	31	0
38	班加罗尔	39	25	37	32	0
39	约翰内斯堡	36	39	39	38	0

表 2.11
绩效视角下的数字化转型城
市分类

资料来源：作者整理编制。

分　类	城　市
全面型城市	纽约、东京、新加坡
三领域突出城市	洛杉矶、伦敦、芝加哥、旧金山、北京、上海、首尔
双领域突出城市	香港、多伦多
单领域突出城市	巴黎、台北、都柏林

2.3.1　全面型城市（3座）

全面型城市共有 3 座，即纽约、东京和新加坡，分别位列数字化转型绩效得
分的第 1、第 2 和第 10 名。每个城市都有四个（全部）分领域数字化转型绩效进
入前 10 名（表 2.12）。

表 2.12
全面型城市数字化转型绩效
排名

资料来源：作者整理编制。

城　市	基础设施数字化转型排名	经济数字化转型排名	生活数字化转型排名	治理数字化转型排名	总体排名
纽约	4	4	1	2	1
东京	7	1	5	1	2
新加坡	8	8	8	10	10

纽约的城市数字化转型绩效排名第 1，在基础设施数字化转型、经济数
字化转型、生活数字化转型和治理数字化转型四个领域均位于全球前列，综
合表现十分优异。具体来看，纽约在基础设施数字化转型领域排名第 4。其手
机渗透率为 165%，位居全球第 3；隐私保护度满分；所属 QS 世界大学计算
机 & IT 专业实力分值为 164 分，位列全球第 5；ICT 投资占 GDP 比重达 4.7%，
排名全球第 4。在经济数字化转型领域，纽约位列全球第 4。其大型信息服务企
业市值总计 2 377 亿美元，排名全球第 4；工业机器人密度为 394 台 / 万个职工，
排名全球第 4；金融科技分值为 61，位列全球第 3；电子商务分值为 140，位列
全球第 2。纽约在生活数字化转型排名上位列全球第 1。其在线学习人数在 16—
74 岁人群中占比为 44%，线上购物人口占比为 87%，均排名全球第 1；社交媒
体渗透率 92%，位列第 2；通过领英（LinkedIn）求职的人数有 433 万人，位列
第 1。纽约在治理数字化转型排名上位列全球第 2，其在线服务和电子参与分值
均位列第 2。

表 2.13　全面型城市测度指标值与排名

测度指标	纽 约 指标值	纽 约 排名	东 京 指标值	东 京 排名	新加坡 指标值	新加坡 排名
网速（Mbps）	67	13	47	25	67	17
手机渗透率（%）	165	3	263	1	147	9
隐私保护度（分值）	100	1	88	22	100	1
易受攻击的计算机占比（%）	86	4	83	13	88	1
所属 QS 世界大学计算机 & IT 专业实力（分值）	164	5	80	8	169	2
ICT 投资的 GDP 占比（%）	4.7	4	4.8	3	3.2	14
大型信息服企业市值（十亿美元）	238	4	277	2	33	15
大型计算机、通信和其他电子设备制造企业市值（十亿美元）	0	10	149	1	5	9
工业机器人密度（个 / 万职工）	394	4	645	2	611	3
金融科技（分值）	61	3	12	15	16	7
电子商务（分值）	140	2	147	1	95	13
计算机、通信和其他电子设备贸易占货物贸易比重（%）	17.1	7	16.6	8	28.0	4
信息服务贸易占服务贸易比重（%）	9.0	9	11.0	6	7.3	18
在线学习人数在 16—74 岁人群中占比（%）	43	1	23	8	29	6
线上购物人口占比（%）	87	1	86	2	74	13
社交媒体渗透率（%）	92	2	99	1	75	14
通过 LinkedIn 求职的人数（百万）	4.33	1	0.22	34	2.00	6
数据开放（分值）	0.9	9	0.8	13	0.9	3
在线服务（分值）	1.5	2	1.5	1	1.0	14
电子参与（分值）	1.5	2	1.6	1	1.0	15

注：部分指标值相同但排名不同原因在于指标值四舍五入取整。
资料来源：作者测算编辑。

东京数字化转型绩效排名第 2，在基础设施数字化转型、经济数字化转型、生活数字化转型和治理数字化转型四个领域均位于全球前列，尤其在经济数字化转型和治理数字化转型上表现优异，均位列全球榜首，但在基础设施数字化转型领域稍显不足。具体来看，东京基础设施数字化转型领域排名第 7。其手机渗透率 263%，位居全球第 1；ICT 投资占 GDP 比重达 4.8%，排名全球第 3。东京经济数字化转型领域排名位列全球第 1。其大型信息服务业企业市值总计 2 770 亿美元，排名全球第 2；计算机、通信和其他电子设备制造企业市值总计 1 490 亿美元，排名全球第 1；工业机器人密度 645 台 / 万个职工，排名全球第 2；电子商务分值 147，位列全球第 1。东京生活数字化转型领域排名全球第 5。其线上购物人口占比 86%，排名全球第 2；社交媒体渗透率 99%，位列全球第 1。东京治理数字化转型领域排名位列全球第 1，其在线服务和电子参与均位列第 1。

专栏 2.2　东京都城市数字化战略

　　日本东京都于 2020 年 2 月制定了"智慧东京"实施战略，面向 2040 年智慧东京的未来愿景提出了城市数字化转型的路径与举措，希望通过战略的实施提升城市乃至整个国家在全球的竞争力。

　　一是在国家战略层面和地方政府中明确了"顶层设计"。首先，将数字化转型确定为国家重大战略。2020 年 9 月，日本内阁明确将数字化转型提升为重要国策，同年 11 月明确提出将在 2021 年 9 月 1 日成立数字厅作为数字化转型的"司令塔"。数字厅以促进国家、地方行政的信息化和数字化转型为目标，是一个主要负责信息与数字技术领域的独立省厅，由首相直接管辖。同时，数字厅还被赋予了优先权限，可以向不遵从总体方针的其他省厅提出建议。目前，数字厅的规划成员人数在 500 名左右，其中 100 名来自私营部门。其次，将数字化转型与东京城市发展相结合。在实施战略发布之前，东京都政府率先制定了名为"未来东京"的战略构想，构成了东京长期发展规划的基础，指明了东京今后的发展路径。在该战略构想的背景下，东京都政府成立了战略政策信息促进本部，作为促进数字化建设的战略部门，是东京开展数字化转型的先头部队和"大脑"。

　　二是以"场景驱动 + 项目"的模式推进战略规划的实施。"智慧东京"实施战略的总体目标是：通过数字化服务来提高东京市民的生活质量，实现安全、多元、智慧三大城市建设目标。为实现该目标，提出了"互联东京""城市数字化"和"都厅数字化"三大任务，每个重点任务下设典型应用场景。为实现每一个具体场景，初步设想了场景落地的目标、可能的技术路径和具体举措。同时，实施战略在预算上获得了专项支持。仅 2020 年实施战略发布启动当年，东京都政府就大幅提高了用于"智慧东京"建设的专项行政预算共计 158 亿日元（折合人民币约 9.6 亿元）。"都厅数字化"（政府自身的数字化）主要包括 7 个核心项目，即未来办公空间营造（数字环境新型工作方式）、"5 个 less"项目、一站式在线手续办理、政府数据开放、初创企业与公民科技（Civic Tech）协同项目、内部管理事务流程改造以及数字化能力提升等。

　　三是从国家和地方政府两个层面共同给予政策与条件保障。从东京都政府角度出发，为切实推进实施战略的落地，重点提出了四个方面的保障措施，即：注重"公私合作"与"动态调整"，保障人才供给，保障资金支持，强化政策配套。

资料来源：《"智慧东京"实施战略》。

相较于纽约和东京，同为全面型城市的新加坡数字化转型实力相对落后，四个领域排名均进入前10，但都处于靠后的位置。其中，在基础设施数字化转型领域，新加坡排名第8。其所属QS世界大学计算机&IT专业实力分值169分，位列全球第2。在经济数字化转型领域，新加坡位列全球第8。其工业机器人密度为611台/万个职工，排名全球第3；计算机、通信和其他电子设备贸易占货物贸易比重为28.0%，位列全球第4。新加坡在生活数字化转型领域排名全球第8。其在线学习人数在16—74岁人群中占比为29%，排名全球第6；通过领英（LinkedIn）求职的人数为200万，位列全球第6。新加坡在治理数字化转型领域位列全球第10，其数据开放位列全球第4。

专栏2.3　新加坡智慧城市建设

新加坡已经制定了数字经济、数字社会与数字政府建设计划。未来，各行各业与政府机构都要加大数字化力度，使社区与个人都搭上数字化快车。具体来说，新加坡的计划包括在服务交付与数字基础设施领域推动国家项目的落地。新加坡的政府技术机构（又名GovTech）在建立智慧国家平台、基础设施和应用程序方面发挥着核心作用。在促进物联网发展方面，信息和通信技术（ICT）及其相关工程技术是GovTech的核心工具。如今，GovTech正在建立一个遍布全新加坡的传感器网络，其全称为智慧城市传感器平台（SNSP）。该平台已经有了完整的服务与基础架构，可实现视频与数据分析，以及数据共享网关功能。

新加坡智慧国家项目主要依赖三大数字化支柱：一是数字经济。该项目旨在让新加坡成为领先的数字经济体，以吸引外国投资并为新加坡人提供机会。这就要求新加坡为数字化变革做好准备。2018年5月，新加坡通信和信息部公布了新的计划，要对每个业务和行业进行数字化变革以提高生产力。信息通信媒体（ICM）行业也将成为新加坡数字经济的推动力。

二是数字政府。新加坡政府还打算利用互联、数据和计算来为公民、企业和公职人员提供帮助，从而"实现核心数字化"。数字政府倡导"用心服务"，提供个性化风格，以增强民众体验。数字政府计划包含一个五年计划，其中概述了政府在为公众服务时应如何使用数字技术。2020年，政府上线新加坡企业和居民国家数字身份（NDI）系统，该系统将促进私营部门与政府之间进行安全有效的数字通信。

三是数字社会。数字社会项目旨在将数字素养注入国民意识。新加坡将数字素养定义为"具有使用数字技术的技能、信心和动力"，这是新加坡"迈向智慧国家愿景的关键"。新加坡政府还组建了一个数字准备工作组，参与者分别来自政府、私营公司和市民。该小组的任务之一是教授大家轻松使用技术的技能，以便所有新加坡人每天都能借助技术来改善生活。

资料来源：《智慧城市新加坡篇：常年稳坐全球智慧城市头把交椅》，京东数科编译，2020年10月12日。

2.3.2 三领域突出城市（7座）

三领域突出城市共有7座，分别为洛杉矶、伦敦、芝加哥、旧金山、北京、上海、首尔。每个城市都有三个领域的数字化转型绩效进入前10名（表2.14）。

表2.14
三领域突出城市数字化转型绩效排名

资料来源：作者测算编制。

城　市	基础设施数字化转型排名	经济数字化转型排名	生活数字化转型排名	治理数字化转型排名	总体排名
洛杉矶	5	11	2	3	3
伦敦	9	14	4	5	4
芝加哥	10	15	3	4	5
旧金山	19	2	6	6	6
北京	1	3	10	16	7
上海	2	5	9	14	8
首尔	6	10	16	8	12

洛杉矶数字化转型绩效排名第3，在基础设施数字化转型、生活数字化转型和治理数字化转型三个领域均位于全球前列，尤其在生活数字化转型和治理数字化转型领域表现突出，但其经济数字化转型排名第11，综合实力较纽约和东京有一定差距。具体来看，洛杉矶在基础设施数字化转型领域排名第5。其手机渗透率为157%，位居全球第5；隐私保护度满分；所属QS世界大学计算机&IT专业实力分值为160分，位列全球第6；ICT投资占GDP比重达4.5%，排名全球第6。洛杉矶在生活数字化转型领域排名全球第2。其在线学习人数在16—74岁人群中占比为41%，排名全球第2；线上购物人口占比达85%，社交媒体渗透率达88%，均排名全球第3；通过领英（LinkedIn）求职的人数为202万人，位列第5。洛杉矶在治理数字化转型领域位列全球第3，其在线服务和电子参与分值均位列第3。

伦敦数字化转型绩效排名第4，在基础设施数字化转型、生活数字化转型和治理数字化转型三个领域均位于全球前列，在生活数字化转型和治理数字化转型领域表现突出，但其经济数字化转型排名第14，综合实力较纽约和东京有一定差距。具体来看，伦敦在基础设施数字化转型领域位列全球第9。其隐私保护度满分；所属QS世界大学计算机 & IT专业实力分值为167分，位列全球第3。伦敦

表 2.15　三领域突出城市测度指标值与排名

测度指标	洛杉矶		伦敦		芝加哥		旧金山		北京		上海		首尔	
	指标值	排名	指标值	排名	指标值	排名	指标值	排名	指标值	排名	指标值	排名	指标值	排名
网速（Mbps）	67	13	59	21	67	13	67	13	156	3	156	3	169	2
手机渗透率（%）	157	5	128	15	152	7	140	10	153	6	158	4	129	14
隐私保护度（分值）	100	1	100	1	100	1	100	1	88	22	88	22	100	1
易受攻击的计算机占比（%）	87	2	83	10	84	7	87	2	55	32	57	29	73	20
所属 QS 世界大学计算机 & IT 专业实力（分值）	160	6	167	3	76	17	0	19	166	4	79	10	76	18
ICT 投资的 GDP 占比（%）	4.5	6	3.3	12	4.3	8	4.0	10	4.3	7	4.5	5	2.1	21
大型信息服企业市值（十亿美元）	0	24	53	9	0	24	339	1	274	3	19	20	28	17
大型计算机、通信和其他电子设备制造企业市值（十亿美元）	0	10	0	10	0	10	0	10	59	3	48	4	0	10
工业机器人密度（个 / 万职工）	375	5	125	28	363	7	333	9	255	14	263	13	1 015	1
金融科技（分值）	17	5	76	2	10.7	17	134	1	13.5	13	5	28	9	20
电子商务（分值）	134	3	121	5	130	4	119	6	96	12	99	10	98	11
计算机、通信和其他电子设备贸易占货物贸易比重（%）	16.3	9	7.8	17	15.8	10	14.5	11	11.6	12	42.2	3	23.6	5
信息服务贸易占服务贸易比重（%）	8.5	13	6.3	21	8.3	14	7.6	17	16.3	5	16.8	4	3.0	36
在线学习人数在 16—74 岁人群中占比（%）	41	2	20	12	40	3	37	4	20	11	21	10	12	24
线上购物人口占比（%）	85	3	83	5	84	4	81	7	81	8	82	6	75	12
社交媒体渗透率（%）	88	3	85	6	86	4	81	9	77	12	79	10	83	7
通过 LinkedIn 求职的人数（百万）	2.02	5	3.61	2	1.38	9	0.45	23	0.65	16	0.84	14	0.40	25
数据开放（分值）	0.9	9	1.0	1	0.9	9	0.9	9	0.4	35	0.4	35	0.9	5
在线服务（分值）	1.4	3	1.2	6	1.4	4	1.2	7	1.2	8	1.3	5	1.1	9
电子参与（分值）	1.5	3	1.3	8	1.4	4	1.3	7	1.3	8	1.4	5	1.1	11

资料来源：作者测算编制。

在生活数字化转型领域排名全球第 4。其线上购物人数占比为 83%，排名全球第 5；社交媒体渗透率达 85%，排名全球第 6；通过领英（LinkedIn）求职的人数达 361 万，位列全球第 2。伦敦在治理数字化转型领域排名全球第 5。其数据开放分值全球第 1，在线服务分值排名第 6。

芝加哥数字化转型绩效排名第5，在基础设施数字化转型、生活数字化转型和治理数字化转型三个领域位于全球前列，但其经济数字化转型排名亦未进入全球前10。具体来看，芝加哥在基础设施数字化转型领域排名第10；在生活数字化转型领域位列全球第3，其在线学习人数在16—74岁人群中占比（40%）排名第全球3，线上购物人口占比（84%）和社交媒体渗透率（86%）均位列全球第4；在治理数字化转型领域位列全球第7，其在线服务和电子参与分值均位列第4。

旧金山数字化转型绩效排名第6，在经济数字化转型、生活数字化转型和治理数字化转型三个领域位于全球前列，在经济数字化上表现突出，但其基础设施数字化转型排名不在全球前10之列。具体来看，旧金山在经济数字化转型领域位列全球第2。其大型信息服务业企业市值总计3390亿美元，排名全球第1；金融科技分值为134，位列全球第1；电商商务分值为119，位列全球第6。旧金山在生活数字化转型领域排名全球第6，其在线学习人数在16—74岁人群中占比37%，位列全球第4。旧金山在治理数字化转型领域排名全球第6，其在线服务和电子参与均位列第6。

北京数字化转型绩效得分排名第7，在基础设施数字化转型、经济数字化转型和生活数字化转型三个领域得分位于全球前列，尤其在基础设施数字化转型上表现突出，名列全球榜首，但其治理数字化转型得分并未进入全球前10。具体来看，北京在基础设施数字化转型领域排名第1。其移动互联网网速达156 Mbps，排名并列全球第3；所属QS世界大学计算机＆IT专业实力分值为166分，位列全球第4。北京在经济数字化转型领域位列全球第3。其大型信息服务业企业市值总计2 737亿美元，计算机、通信和其他电子设备制造企业市值总计586亿美元，排名均为全球第3；信息服务贸易占服务贸易比重16.3%，排名全球第5。北京在生活数字化转型领域排名全球第10。

上海数字化转型绩效排名第8，在基础设施数字化转型、经济数字化转型和生活数字化转型三个领域均位于全球前列，尤其在基础设施数字化转型上表现突出，但其治理数字化转型排名并未进入全球前10。具体来看，上海在基础设施数字化转型领域排名第2。其移动互联网网速达156 Mbps，排名并列全球第3；手机渗透率为157.7%，位居全球第6；ICT投资占GDP比重达4.5%，排名全球第5。上海在经济数字化转型领域位列全球第5。其大型计算机、通信和其他电子设备制造企业市值总计484亿美元，排名全球第4；计算机、通信和其他电子设备贸易占货物贸易比重和信息服务贸易占服务贸易比重分别为 42.2% 和 16.8%，排名全球第 3 和第 4。上海在生活数字化转型领域排名全球第 9，其线上购物人口占比 82%，排名全球第 6。

首尔数字化转型绩效排名第 12，在基础设施数字化转型、经济数字化转型和治理数字化转型三个领域均位于全球前列，但其生活数字化转型排名在 10 名之外。具体来看，首尔在基础设施数字化转型领域排名全球第 6，其移动互联网网速达 169 Mbps，位列全球第 2。首尔在经济数字化转型领域位列全球第 10，其工业机器人密度（1 015 台 / 万个职工）排名全球第 1，计算机、通信和其他电子设备贸易占货物贸易比重（23.6%）排名全球第 5。首尔在治理数字化转型领域位列全球第 8，其数据开放位列全球第 6。

专栏 2.4　首尔的自我超越：世界顶级数字治理城市

　　2019 年是首尔市正式推出以信息通信技术（ICT）为基础的城市管理运营政策、成立信息化政府机构的 20 周年。首尔计划超越自身连续 7 年电子政务世界第一的地位，以大数据和新 ICT 为基础，实现尖端的"智慧城市首尔"目标。首尔智能城市的核心是被称为"21 世纪原油"的大数据。首尔将继续以"信息化"的名义运营猫头鹰巴士、公共 Wi-Fi、移动投票等个人服务，将物联网、区块链等第四次产业革命的关键技术与世界上最好的 ICT 和基础设施结合起来，并积累到目前为止构建的城市和行政数据，以创造新的增长引擎，提供从未有过的新服务。

　　为此，首尔各地将安装 5 万个物联网（IoT）传感器。在交通领域，引进"共享停车系统"，通过 IoT 传感器，实时掌握停靠车辆的可用性，市民可以查询、预约、停车，并通过智能手机应用支付车位费，从而缓解长期存在的停车困难。即使在设置老人福利中心等基础设施时，传感器也会分析流动人口数据，将基础设施扩大到需求地区。在制定城市规划或建设新建筑时，"三维虚拟首尔"系统将进行模拟以观察现有的城市环境会受到怎样的影响，并升级城市管理政策。此外，120 茶山（Dasan）呼叫中心尝试利用人工智能（AI）技术自动回答市民提问的"聊天机器人"功能。"智能 CCTV"则可以根据大数据和人工智能图像分析来自动检测斗殴和火灾等特殊情况。

资料来源：摘编自 Seoul Metropolitan Government。

从这些城市的突出领域来看，数字化转型各有特色。整体来看，北美和欧洲城市在生活数字化和治理数字化转型领域表现更为优异，而亚洲城市则在基础设施和经济数字化转型上更具优势。

2.3.3　双领域突出城市（2座）

　　双领域突出城市共有 2 座，香港和多伦多，它们都有两个领域的数字化转型绩效进入前 10 名（表 2.16）。

表 2.16
双领域突出城市数字化转型绩效的排名

资料来源：作者测算编制。

城　　市	基础设施数字化转型排名	经济数字化转型排名	生活数字化转型排名	治理数字化转型排名	总体排名
香港	3	6	12	12	9
多伦多	12	18	7	7	11

表 2.17　双领域突出城市测度指标值与排名

测度指标	香　港		多伦多	
	指标值	排名	指标值	排名
网速（Mbps）	72	11	97	8
手机渗透率（%）	185	2	117	18
隐私保护度（分值）	100	1	100	1
易受攻击的计算机占比（%）	74	19	83	12
所属 QS 世界大学计算机 &IT 专业实力（分值）	239	1	86	1
ICT 投资的 GDP 占比（%）	3.2	13	2.4	20
大型信息服企业市值（十亿美元）	185	5	42	10
大型计算机、通信和其他电子设备制造企业市值（十亿美元）	7	8	0	10
工业机器人密度（个 / 万职工）	278	11	211	19
金融科技（分值）	16	6	9	19
电子商务（分值）	93	15	109	7
计算机、通信和其他电子设备贸易占货物贸易比重（%）	57.6	1	5.5	23
信息服务贸易占服务贸易比重（%）	2.8	37	7.2	19
在线学习人数在 16—74 岁人群中占比（%）	27	7	34	5
线上购物人口占比（%）	72	18	76	10
社交媒体渗透率（%）	76	13	86	5
通过 LinkedIn 求职的人数（百万）	1.00	12	1.15	10
数据开放（分值）	0.9	3	1.0	2
在线服务（分值）	0.9	15	1.0	12
电子参与（分值）	1.0	14	1.1	9

资料来源：作者测算编制。

香港数字化转型绩效排名第 9，在基础设施数字化转型和经济数字化转型两个领域位于全球前列，但其生活数字化转型和治理数字化转型排名并未进入全球前 10。具体来看，香港在基础设施数字化转型领域排名全球第 3。其手机渗透率达 185%，位居全球第 2；隐私保护度满分；所属 QS 世界大学计算机 &IT 专业实力分值达 239 分，位列全球第 1。香港在经济数字化转型领域位列全球第 6。其大型信息服务业企业市值总计 1 847 亿美元，排名全球第 5；金融科技分值 16，位列全球第 6；计算机、通信和其他电子设备贸易占货物贸易比重 58%，排名全球第 1。

多伦多数字化转型绩效排名第 11，在生活数字化转型和治理数字化转型两个领域位于全球前列，但其基础设施数字化转型和经济数字化转型排名并未进入全球前 10。具体来看，多伦多在生活数字化转型领域排名全球第 7。其在线学习人数在 16—74 岁人群中占比为 34%，社交媒体渗透率为 86%，均位列全球第 5。多伦多在治理数字化转型领域排名全球第 7，其数据开放分值位列全球第 2。

与三领域突出城市相似，双领域突出的两个城市中，北美城市多伦多在生活数字化和治理数字化转型领域表现突出，而亚洲城市香港在基础设施数字化和经济数字化转型领域更有优势。

2.3.4 单领域突出城市（3座）

单领域突出城市共有 3 座，巴黎、台北和都柏林。每个城市都只有一个领域的数字化转型绩效进入前 10 名（表 2.18）。

表 2.18
单领域突出城市数字化转型绩效的排名

资料来源：作者测算编制。

城　市	基础设施数字化转型排名	经济数字化转型排名	生活数字化转型排名	治理数字化转型排名	总体排名
巴黎	11	16	14	9	13
台北	20	7	13	11	14
都柏林	33	9	25	30	27

表 2.19　单领域突出城市测度指标值与排名

测度指标	巴黎		台北		都柏林	
	指标值	排名	指标值	排名	指标值	排名
网速（Mbps）	56	22	74	10	41	27
手机渗透率（%）	121	17	139	11	70	34
隐私保护度（分值）	100	1	75	27	100	1
易受攻击的计算机占比（%）	75	18	70	24	83	10
所属 QS 世界大学计算机 &IT 专业实力（分值）	78	12	0	19	0	19
ICT 投资的 GDP 占比（%）	4.0	9	3.3	11	1.2	33
大型信息服企业市值（十亿美元）	82	8	29	16	118	6
大型计算机、通信和其他电子设备制造企业市值（十亿美元）	0	10	29	5	13	7
工业机器人密度（个 / 万职工）	228	15	286	10	144	26
金融科技（分值）	8	22	4	36	5	25
电子商务（分值）	106	8	102	9	70	22
计算机、通信和其他电子设备贸易占货物贸易比重（%）	5.8	22	44.6	2	7.2	18
信息服务贸易占服务贸易比重（%）	8.6	12	7.7	16	17.8	2
在线学习人数在 16—74 岁人群中占比（%）	18	15	18	14	12	26
线上购物人口占比（%）	76	11	76	9	67	25
社交媒体渗透率（%）	78	11	82	8	56	25
通过 LinkedIn 求职的人数（百万）	0.63	17	0.23	33	0.49	22
数据开放（分值）	0.9	5	0.8	13	0.5	26
在线服务（分值）	1.0	11	1.0	10	0.6	29
电子参与（分值）	1.1	12	1.1	10	0.6	26

资料来源：作者测算编制。

　　巴黎数字化转型绩效排名第 13，在治理数字化转型领域位于全球前列，但在基础设施数字化、经济数字化和生活数字化转型领域排名并未进入全球前 10。具体来看，巴黎在治理数字化转型领域排名第 9，其开放数据分值位列全球第 5。

　　台北数字化转型绩效排名第 14，在经济数字化转型领域位于全球前列，其他三个领域排名均不在前 10 之列。具体来看，台北在经济数字化转型领域排名第 7。其大型计算机、通信和其他电子设备制造业企业市值总计 287 亿美元，排名全球第 5；计算机、通信和其他电子设备贸易占货物贸易比重 44.6%，排名全球第 2。

都柏林数字化转型绩效排名第27，处于39个样本城市排名的后端，但凭借经济数字化转型全球第9的良好表现进入单领域突出城市之列。具体来看，都柏林在经济数字化转型领域排名第9。其大型信息服务业企业市值总计1 180亿美元，排名全球第6；计算机、通信和其他电子设备制造业企业市值总计875亿美元，排名全球第7；信息服务贸易占服务贸易比重17.8%，排名全球第2。

专栏2.5 都柏林数字化转型整体方案

都柏林的数字总体规划旨在为城市塑造数字未来的路线图。数字都柏林的创建将遵循十大原则：一是以数字技术促进城市区域的可持续发展、凝聚力和竞争力；二是利用数字技术实现整个经济的净就业创造；三是"数字化"将成为所有公共服务的标准；四是作为一个逐步开放的城市，欢迎所有人、所有公民都有机会接触数字技术；五是以开放式创新为重，采用在部门、组织、公民之间以及与其他合作城市之间共享理念、信息和数据的治理模式；六是采用数字治理和技术，以增加民主参与，并与公众保持联系；七是城市及其利益相关者将使用数字技术、流程和设计，不断提高自身为公民和企业提供服务的绩效；八是将数据（开放且庞大）视为都柏林发展成为数字城市的关键要素；九是成为创新的虚拟和现实试验场，并将数字技术融入城市的空间和场所；十是始终如一地提供经得起未来考验的基础设施（如宽带、电力等），以保持在全球竞争中的领先地位，并吸引外来投资。

为了实现本地的数字卓越，都柏林采取的行动分为7个行动块，以便于理解和实施：（1）组织行动。数字总体规划将由都柏林市议会经济和国际关系办公室作为牵头机构，确定执行交付角色。（2）提高认识和建立参与。（3）构建数字公共空间。（4）扩大和创新经济。（5）打造更美好的城市。（6）全球定位。（7）知识作为力量。

资料来源：A Digital Masterplan for Dublin.

2.4 主要结论

1. 北美洲和亚洲城市的数字化转型实力强劲，均远超欧洲城市。前十强中有5个城市来自亚洲，4个城市来自北美洲，仅1个城市来自欧洲。其中，北美洲城市强劲的数字化转型实力依赖于较高的生活数字化转型和治理数字化转型水平，而亚洲城市基于人口众多、经济规模巨大从而在基础设施数字化转型、经济数字化转型、生活数字化转型方面表现优异。

2. 欧洲城市数字化转型的强项在于基础设施以及城市治理领域，弱项在于经济、生活领域的数字化转型。欧美城市在数字化实践中一般都是针对单一的项目或者几个项目，且主要集中于基础设施、城市治理领域。而亚洲城市由政府主导对整个城市进行规划性的数字化改造，经济数字化转型往往置于重心位置。

3. 人口超千万的巨型城市比大中型城市更具有数字化转型实力。由于本指数看重经济、生活的数字化，因此在智慧城市排名中胜出的欧洲中小型城市完全不具备优势。

4. 亚洲城市中，中国、日本和韩国在数字化转型绩效中的排名远超印度和东南亚的其他城市。这表明，尽管亚洲新兴经济体近年来发展情况较好，但除中国外在数字化转型水平上仍落后于日韩等发达国家；而中国在快速发展中抓住了数字浪潮的机遇，中国的主要城市在基础设施和经济数字化的快速转型中已经赶上甚至超越欧、美、日顶尖城市。

5. 欧美城市在治理数字化方面明显优于亚洲城市，这与欧美城市数据开放程度高以及市民对政府事务的高参与度息息相关。

6. 北京、上海除了在城市治理数字化转型方面有待提高外，其他方面均表现出色。北京尤其在基础设施数字化和经济数字化转型方面表现突出，这与北京集聚了众多国有数字企业有关。

3

城市数字化转型指数：
速度篇

3.1 速度视角下城市数字化转型指数的总体排名

根据既定的评价步骤，计算出 39 个样本城市速度视角下的数字化转型指数的综合排名和得分（表 3.1、图 3.1）。

表 3.1
城市数字化转型指数：转型速度综合排名

排名	城 市	基础设施数字化转型	经济数字化转型	生活数字化转型	治理数字化转型	综合得分
1	北京	56.54	69.17	36.37	67.21	57.32
2	上海	55.06	68.91	36.09	66.94	56.75
3	香港	59.11	39.17	50.82	60.60	52.43
4	雅加达	27.37	37.48	43.55	73.56	45.49
5	伊斯坦布尔	41.21	23.59	52.63	60.60	44.51
6	孟买	38.66	37.38	60.06	39.35	43.86
7	新德里	36.76	39.76	56.58	37.62	42.68
8	新加坡	50.96	36.15	31.03	49.90	42.01
9	班加罗尔	37.85	36.06	54.90	37.39	41.55
10	约翰内斯堡	48.28	24.68	37.39	52.81	40.79
11	都柏林	36.49	38.02	47.61	36.59	39.68
12	圣保罗	53.10	36.01	34.93	32.98	39.25
13	华沙	44.34	29.87	42.83	37.42	38.62
14	曼谷	36.32	30.98	34.24	50.78	38.08
15	悉尼	55.44	37.47	38.35	20.17	37.86
16	迪拜	56.00	38.93	25.85	26.10	36.72
17	旧金山	43.39	40.40	36.03	26.80	36.66
18	芝加哥	52.01	32.06	36.39	25.92	36.60

排名	城　市	基础设施 数字化转型	经济 数字化转型	生活 数字化转型	治理 数字化转型	综合得分
19	墨尔本	56.28	38.31	32.32	18.59	36.37
20	多伦多	49.40	31.14	46.25	18.34	36.28
21	东京	40.14	43.22	33.11	19.35	33.95
22	斯德哥尔摩	42.35	32.98	41.39	18.30	33.75
23	首尔	52.32	34.10	21.44	26.45	33.58
24	纽约	41.16	36.14	34.64	21.92	33.47
25	吉隆坡	33.33	28.05	33.60	36.25	32.81
26	哥本哈根	39.54	22.07	39.26	29.61	32.62
27	慕尼黑	42.99	24.84	45.48	14.56	31.97
28	台北	21.79	49.87	21.61	33.67	31.74
29	巴黎	46.85	24.54	39.39	16.09	31.72
30	米兰	44.54	25.42	38.94	17.43	31.58
31	莫斯科	22.42	33.16	39.50	30.81	31.47
32	墨西哥城	52.18	15.67	44.17	13.87	31.47
33	洛杉矶	40.82	30.65	32.44	21.23	31.28
34	马德里	41.83	27.04	42.63	12.98	31.12
35	法兰克福	42.48	26.87	44.13	6.19	29.92
36	大阪	39.50	35.28	22.51	19.08	29.09
37	布鲁塞尔	24.64	25.45	45.30	18.99	28.59
38	阿姆斯特丹	36.16	30.37	25.59	18.40	27.63
39	伦敦	34.95	29.60	23.93	14.66	25.79

资料来源：作者测算编制。

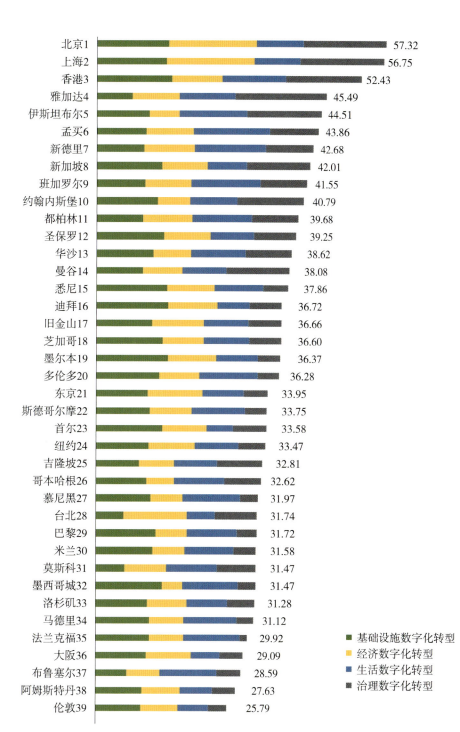

图 3.1
城市数字化转型指数：转型
速度综合排名

资料来源：作者根据研究数据绘制。

北京1 57.32
上海2 56.75
香港3 52.43
雅加达4 45.49
伊斯坦布尔5 44.51
孟买6 43.86
新德里7 42.68
新加坡8 42.01
班加罗尔9 41.55
约翰内斯堡10 40.79
都柏林11 39.68
圣保罗12 39.25
华沙13 38.62
曼谷14 38.08
悉尼15 37.86
迪拜16 36.72
旧金山17 36.66
芝加哥18 36.60
墨尔本19 36.37
多伦多20 36.28
东京21 33.95
斯德哥尔摩22 33.75
首尔23 33.58
纽约24 33.47
吉隆坡25 32.81
哥本哈根26 32.62
慕尼黑27 31.97
台北28 31.74
巴黎29 31.72
米兰30 31.58
莫斯科31 31.47
墨西哥城32 31.47
洛杉矶33 31.28
马德里34 31.12
法兰克福35 29.92
大阪36 29.09
布鲁塞尔37 28.59
阿姆斯特丹38 27.63
伦敦39 25.79

■ 基础设施数字化转型
■ 经济数字化转型
■ 生活数字化转型
■ 治理数字化转型

从转型速度综合排名来看，发展中国家城市整体领跑于发达国家城市，亚洲城市整体领跑于其他地区城市。在转型速度综合排名前十强城市中仅有两个为发达经济体城市，即位列第3的香港和位列第8的新加坡。前十强中有8个亚洲城市，其中中国的北京、上海、香港排名分别为全球第1、第2、第3名。美洲城市集中在第17—33名之间，欧洲城市集中在第22—39名之间。可以看出，中国、印度、印度尼西亚等发展中国家在经济和综合实力不断增强的同时，在数字化转型方面也正努力追赶发达国家的进程。

3.2　速度视角下城市数字化转型指数的区域排名

39个样本城市中，13个为欧洲城市，18个为亚太城市，7个为美洲城市，还有1个是南非城市约翰内斯堡。我们从城市数字化转型速度视角出发，分别选取各区域中的典型城市[①]，对其转型速度及其成因进行分析研究。

3.2.1　欧洲城市数字化转型速度排名

欧洲各城市数字化转型速度的全球排名均处在十名之外，并且其尾部城市同样在世界排名末尾，这说明欧洲城市数字化转型速度在全球数字化转型的整体排名中处于中等偏下的地位。造成这一现象的原因，一方面是由于欧洲城市的数字化起步较早，近几年的数字化转型提升水平相对有限。另一方面，欧洲城市作为较发达的城市，从关注技术转向更加关注伦理，加大了对隐私和数据安全的重视程度，一定意义上抑制了欧洲城市的数字化转型速度。其中，伦敦作为全球城市的代表，在数字化转型绩效上排名很高，但在数字化转型速度上处于世界的末尾，这说明了城市在数字化转型过程中会产生瓶颈效应或者说"边际效用递减"。因此，对欧洲城市的数字化转型速度进行研究分析，不仅可以为世界其他城市提供一个未来数字化发展的方向，并且能够帮助后发城市为发展过程中可能出现的问题提前做好准备，以实现更好的发展。

欧洲城市中，都柏林的数字化转型速度是欧洲第1、全球第11。都柏林在经济数字化转型速度与生活数字化转型速度上都是欧洲第1，全球排名分别为第10

---

① 39个样本城市中，只有一个非洲城市，故非洲不作单独分析。

表 3.2
欧洲城市数字化转型速度
排名

资料来源：作者测算编制。

城　市	转型速度得分	欧洲地区排名	全球排名
都柏林	39.68	1	11
华沙	38.62	2	13
斯德哥尔摩	33.75	3	22
哥本哈根	32.62	4	26
慕尼黑	31.97	5	27
巴黎	31.72	6	29
米兰	31.58	7	30
莫斯科	31.47	8	31
马德里	31.12	9	34
法兰克福	29.92	10	35
布鲁塞尔	28.59	11	37
阿姆斯特丹	27.63	12	38
伦敦	25.79	13	39

与第 6，在治理数字化转型速度上是欧洲第 2，全球第 13。在经济数字化转型指标下的"大型计算机、通信和其他电子设备制造企业市值"方面，都柏林从 2016年 90.1 亿美元增加到 2020 年 130.4 亿美元，五年来年均增长速度为 9.7%，五年增长了 40.3 亿美元。在生活数字化指标下的"在线学习人数在 16—74 岁人群中占比"指标，都柏林的增速排名世界第 1，从 2016 年的 3.44% 提高到 2020 年的 11.85%，五年来的年均增长速度为 36.3%，五年翻了 3.45 倍；"社交媒体渗透率"从 2016 年的 40.54% 提高到 2020 的 56.29%，五年来的年均增长速度为8.6%。都柏林因为其在城市数字化转型的后发优势而在欧洲城市中表现十分优秀，但是与全球其他地区的城市相比，仍旧有许多可以完善的地方。故此，都柏林的数字化转型速度虽然是欧洲第 1，但全球排名仍然只是第 11 位。

数字化转型速度得分位居欧洲第 2 的华沙，在治理数字化转型速度上是欧洲第 1，全球第 11 位。华沙通过领英求职的人数从 2016 年的 4.4 万人增长到 2020年的 13.8 万人，五年来的年平均增长速度为 33.1%。但是华沙在电子参与方面，得分从 2012 年的 0.50 到 2020 年的 0.56，五年年均增长速度仅为 2.9%，这也是华沙治理数字化转型速度在世界排名中只处于中游的原因之一。

专栏 3.1 华沙政府承诺到 2030 年提供最高水平的数字服务

华沙当局在其网站上发布，华沙已通过了一份到 2030 年进行数字化转型的政策文件。该战略文件定义了波兰首都未来十年将采取的数字化明确道路。重点是人及其需求，特别强调隐私、安全和可持续发展。华沙的数字化转型政策描述了华沙在新技术和数字化领域的发展理念，表明了这种发展所遵循的价值观以及城市机构的运作原则。

"华沙作为最大的地方政府服务商，走上了数字化转型之路。当前的数字化方法已被记录下来并在官方城市文件中宣布……这使华沙紧邻柏林、伦敦、维也纳、阿姆斯特丹和赫尔辛基等中心，在若干领域实施已宣布政策，推动提高生活质量的城市数字化发展。"市长这样说。近期华沙将推出一个平台，逐步提供数字服务，包括税收、公共交通、文化机构门票购买等各类应用程序。最重要的是，华沙将进一步开放华沙数据集，让市民享受更加便利的数字服务。

资料来源：摘编自 the mayor.eu。

在欧洲转型速度中等城市里，巴黎的基础设施数字化转型速度是欧洲第 1，全球 14。但是巴黎在其他维度上呈现零增长甚至负增长。如在数字产品贸易指标下，巴黎的通信、计算机和其他电子设备的货物贸易占比从 2016 年的 7.0% 下降到了 2020 年的 5.8%；在在线服务这一指标下，巴黎 2016 年得分为 1.09，而到了 2020 年其得分为 1.04，近乎没有变化。这些导致巴黎在世界城市数字化转型速度中排名仅为中上游。

在欧洲转型速度排名靠后的城市中，伦敦的金融科技表现出色，从 2016 年的 54.89 分到 2020 年的 76.07 分，五年年均增长速度为 8.5%。但与此同时，伦敦"手机渗透率"从 2016 年的 148.06% 下降到 2020 年的 128.40%；"通信、计算机和信息服务的服务贸易占比"从 2016 年的 8.04% 下降到 2020 年的 6.34%；"易受攻击计算机占比"从 2016 年的 71.39% 上涨到 2020 年的 83.4%，网络环境愈发不安全；"在线学习人数在 16—74 岁人群中占比"从 2016 年的 15.72% 上涨到 2020 年的 19.46%，五年年均增长速度为 5.5%，与其他城市相比表现较差。所以伦敦尽管有表现亮眼的几个指标，但是大部分指标下伦敦数字化转型速度缓慢，因此伦敦转型速度在欧洲城市中垫底。

综上所述，尽管欧盟早在 2016 年就出台了城市数字化转型政策及建议，并且在相关政策中提出了要让城市和地区作为欧洲整体数字化进程的跳板这一主要提案，但是欧洲之前的发展基数以及近年来的外部冲击导致欧洲城市的数字化转型速度在世界范围内处于较低水平，尤其是在生活数字化转型与治理数字化转型两方面，与其他地区的城市相比存在较大差距。

3.2.2 亚太地区城市数字化转型速度排名

亚太各城市数字化转型速度的世界排名处在顶尖水平，全球排名前 10 的城市在亚太地区有 9 个，北京、上海、香港这三个城市包揽了前三甲。这一方面说

表 3.3
亚太地区城市数字化转型速度排名

资料来源：作者测算编制。

城　市	转型速度得分	亚太地区排名	全球排名
北京	57.32	1	1
上海	56.75	2	2
香港	52.43	3	3
雅加达	45.49	4	4
伊斯坦布尔	44.51	5	5
孟买	43.86	6	6
新德里	42.68	7	7
新加坡	42.01	8	8
班加罗尔	41.55	9	9
曼谷	38.08	10	14
悉尼	37.86	11	15
迪拜	36.72	12	16
墨尔本	36.37	13	19
东京	33.95	14	21
首尔	33.58	15	23
吉隆坡	32.81	16	25
台北	31.74	17	28
大阪	29.09	18	36

明了，城市数字化转型运动在亚太地区正开展得如火如荼，各大城市不遗余力地推动城市数字化向前发展；另一方面，通过比较不难发现，亚太地区的城市整体而言在城市数字化转型的深入程度上较欧洲与美洲城市偏弱，但是亚太地区的城市正在迎头赶上。

在亚太地区数字化转型速度较快的城市中，以香港最为典型，其数字化转型过程中有很多突出的地方值得特别关注。香港的"数字化网络设施"从2016年的6.1 Mbps增长到2020年的72.1 Mbps，五年年平均增长速度为85.4%；"数字人才综合得分"从2016年的138.9增长到2020年的238.6，五年年平均增长速度为14.48%；在制造业数字化方面，其"工业机器人密度"从2016年的68个每万职工增长到2020年的278个每万职工，五年年平均增长速度为42.19%。但是香港在生活数字化转型方面较弱，主要表现为其"线上购物人口占比"从2016年的60.58%到2020年的74.53%，五年来每年平均增长速度仅为5.3%，相对于北京、上海的增速，表现较弱。此外香港在电子商务方面近乎零增长，从而导致香港在数字化转型速度方面位于北京、上海之后。

在亚太地区转型速度中等的城市里，以新加坡最为典型。新加坡各项指标得分集中分布在中等水平，比较好的指标是"数字化网络设施"，从2016年的8.5 Mbps增长到2020年的66.8 Mbps，五年年平均增长速度为67.4%；其"在线学习人数在16岁到74岁人群的占比"从2016年的15%提升到了2020年的29%，

专栏 3.2　IDC 预测到 2022 年亚太地区 65%GDP 将实现数字化

新冠肺炎病毒的出现彻底改变了这个世界，从工作到生活方方面面都发生了翻天覆地的变化。国际数据公司（IDC）预测，随着数字化转型投资的加速发展带来经济影响，数字经济将加速发展，到2022年，亚太地区GDP的65%以上将实现数字化。

数字化和互联扩展生态系统将兴起。到2025年，在全球经济环境的驱动下，75%的企业领导者将利用数字平台和生态系统功能，使其价值链适应新的市场、产业和生态系统。

亚太地区在数字核心的投资竞赛中已经领先，组织基础的加强和数字创新举措，以及新运营模式的引入，将有助于增加市场份额。

资料来源："IDC FutureScape: 2021 年全球数字化转型预测"，摘编自凤凰网。

五年年平均增速达到了17.92%。除了这两个指标表现较为突出外，新加坡电子商务分值与数字产品贸易指标出现了负增长。新加坡自身表现最好的指标也只是位于亚太地区城市数字化转型增速的中等水平，并且还有其他指标表现平平，因此新加坡在亚太的整体排名是中等偏下的位置。

在亚太地区转型速度的靠后城市里，以东京最为典型。东京的经济数字化转型速度表现尚好，其"通信、计算机和其他电子设备的服务贸易占比"从2016年的8.19%上升到了2020年的11.02%，五年年平均增速达到了7.7%。尽管东京的"在线学习人数在16岁到74岁人群的占比"从2016年的13.8%提升到了2020年的23.2%，五年年平均增速达到了13.87%，但东京在生活数字化转型方面整体表现不佳，全球排名处于倒数第10的位置，极大地拖累了其城市整体的数字化转型速度。并且，因为东京本身的数字化发展程度较高，所以其转型较慢，瓶颈效应的存在从侧面导致东京在亚太地区处于靠后的位置。

综上所述，通过各种指标的量化分析与对比，亚太地区正在引领世界城市数字化的浪潮。不论是从基础设施的数字化还是从经济、生活和社会治理的数字化来看，亚太地区的综合得分都领跑全世界。这一方面是因为，亚太地区早就已经实施了从上到下的改革政策，使政府和民众做好了接受数字化的准备。2015年，印度就发布了"数字印度计划"；紧随其后，韩国和日本也相继发布了"社会发展5.0计划"。而中国更是已经超前布局数字化转型，"中国数字教育2020计划"于2012年发布并且被成功落实。另一方面，我们也需要看到，有些指标领域的发展程度，例如数字化基础设施领域，亚太地区还是略微落后于欧洲地区。当然，亚太地区城市在生活数字化、经济数字化和治理数字化领域均有二级指标已经在绩效值上超过欧洲和美洲，成为全球第1。

3.2.3　美洲城市数字化转型速度排名

美洲各城市数字化转型速度整体比欧洲稍好，在世界各地区处于中等偏上的水平。在美洲城市中，圣保罗的数字化转型速度为美洲第1、全球第12。圣保罗的"数字化转型基础设施"是全球第5，美洲第1；治理数字化综合得分则为全球第3，美洲第1。具体来看圣保罗几个表现较好的三级指标："数字化网络设施"从2016年的4 Mbps增长到了2020年的29.3 Mbps，五年年平均增速为64.5%；"ICT投资占GDP的比重"从2016年的2.45%上升到2020年的6.5%，

表 3.4
美洲城市数字化转型速度
排名

资料来源：作者测算编制。

城　市	转型速度得分	美洲地区排名	全球排名
圣保罗	39.25	1	12
旧金山	36.66	2	17
芝加哥	36.60	3	18
多伦多	36.28	4	20
纽约	33.47	5	24
墨西哥城	31.47	6	32
洛杉矶	31.28	7	33

五年年平均增长速度为 27.6%；"金融科技"得分从 2016 年的 18.80 增长到 2020 年的 23.78；"数据开放"从 2016 年的 0.59 提高到 2020 年的 0.65。

在美洲的尾部城市中，纽约在经济数字化转型上是十分成功的。纽约的"金融科技"综合得分从 2020 年的 36.89 到 2021 年的 61.32，五年年均增长 66.23%。但是，纽约的"数字安全指数"从 2016 年的 79.78 到 2020 年的 81.23，年均增长速度仅为 0.45%。纽约的数字化转型速度整体十分稳定，没有特别突出的也没有十分落后的，这也导致纽约的数字化转型速度排名全球第 24，处于中等水平。墨西哥城仅在生活数字化转型速度上表现尚可，其"在线学习人数在 16 岁到 74 岁人群的占比"，从 2016 年的 4.95% 提升到了 2020 年的 10.19%；"线上购物人口占比"从 2016 年的 34.41% 增加到了 2020 年的 53.69%。

综上对比，可以发现美洲地区城市的数字化转型速度在世界范围内属于中等水平。增长最快的是巴西的圣保罗，并且圣保罗的增长速度远高于其他城市。这正好说明了，在城市数字化进程中会受到数字化规模的影响，随着数字化程度加深，那么城市数字化会出现瓶颈效应。

从数字化转型速度视角出发，亚太地区的城市在数字化浪潮中已经领跑全球，美洲地区城市数字化速度整体水平优于欧洲地区；对于非洲地区而言，数字化程度在世界范围内整体处于弱势地位。

1. "数字城市"建设有了长足发展。

近年来，圣保罗数字城市建设有了长足发展，为城市运行、管理、服务注入了新的活力。据圣保罗市政府数字发展规划办公室协调员内维斯的介绍，"数字城市"可以分为两个方面：首先是数字化管理运营，即政府通过互联网平台，提升政府服务效率，推动城市治理创新；其次是数字产业发展，即通过互联网信息服务平台，创新商业模式，拉动经济，带动就业，推进区域经济发展。

2. 城市供水管网数字化。

内维斯介绍说，自 2017 年起，圣保罗开始推进城市供水管网数字化管理工程，建立起城市地理空间信息优化分析系统。该系统的数据库管理功能可以对城市供水管网的海量信息进行及时分析与处理，并做出相应的处理结果辅助决策管理，以更加精细和动态的方式服务于供水系统的整个生产、管理流程，从而达到"智慧"的状态，使城市供水管理工作更具有科学性和有效性。

3. 整合现有资源，提供更好服务。

自 2014 年起，圣保罗市政府开始打造基于大数据、云计算等新一代信息技术及社交网络的数字城市形态，当地市民生活逐渐变得智能便捷。圣保罗市政府推出了数字版"市民卡"，它不仅具备公共缴费、电子身份识别、存储居民健康档案等功能，还融入"二维码"应用，通过扫描实现网上订购和物流配送等。"使用市民卡可以打折乘坐公交车，进行网络购物也有折扣，它已经融入并改变了很多圣保罗市民的生活。"内维斯说。

内维斯称，面对新冠肺炎疫情对实体经济的冲击，圣保罗市政府正努力发展互联网数字经济，大力推动移动电子商务和智能物流开放平台，提升电子商务在交通出行、远程办公、在线教育、餐饮消费、网络娱乐等领域的推广和应用。"我们在建设数字城市的时候，要及时跟踪社会需求。'数字城市'成功的关键性因素是灵活性，根据需要不断增加服务功能，整合优化现有资源，提供更好服务，保证城市可持续发展。"

资料来源：《科技日报》报驻巴西记者邓国庆，《巴西圣保罗市寻求"数字化"智慧生活》，《科技日报》2020 年 9 月 22 日。

3.3　速度视角下城市数字化转型指数的分领域评价

根据既定评价步骤，计算出 39 个样本城市速度视角下数字化转型的四个分领域指数的综合得分和排名（图 3.2）。

基础设施数字化转型速度排名			经济数字化转型速度排名		
排名	城 市	得分	排名	城 市	得分
1	香港	59.11	1	北京	69.17
2	北京	56.54	2	上海	68.91
3	墨尔本	56.28	3	台北	49.87
4	迪拜	56.00	4	东京	43.22
5	悉尼	55.44	5	旧金山	40.40
6	上海	55.06	6	新德里	39.76
7	圣保罗	53.10	7	香港	39.17
8	首尔	52.32	8	迪拜	38.93
9	墨西哥城	52.18	9	墨尔本	38.31
10	芝加哥	52.01	10	都柏林	38.02
11	新加坡	50.96	11	雅加达	37.48
12	多伦多	49.40	12	悉尼	37.47
13	约翰内斯堡	48.28	13	孟买	37.38
14	巴黎	46.85	14	新加坡	36.15
15	米兰	44.54	15	纽约	36.14
16	华沙	44.34	16	班加罗尔	36.06
17	旧金山	43.39	17	圣保罗	36.01
18	慕尼黑	42.99	18	大阪	35.28
19	法兰克福	42.48	19	首尔	34.10
20	斯德哥尔摩	42.35	20	莫斯科	33.16
21	马德里	41.83	21	斯德哥尔摩	32.98
22	伊斯坦布尔	41.21	22	芝加哥	32.06
23	纽约	41.16	23	多伦多	31.14
24	洛杉矶	40.82	24	曼谷	30.98
25	东京	40.14	25	洛杉矶	30.65
26	哥本哈根	39.54	26	阿姆斯特丹	30.37
27	大阪	39.50	27	华沙	29.87
28	孟买	38.66	28	伦敦	29.60
29	班加罗尔	37.85	29	吉隆坡	28.05
30	新德里	36.76	30	马德里	27.04
31	都柏林	36.49	31	法兰克福	26.87
32	曼谷	36.32	32	布鲁塞尔	25.45
33	阿姆斯特丹	36.16	33	米兰	25.42
34	伦敦	34.95	34	慕尼黑	24.84
35	吉隆坡	33.33	35	约翰内斯堡	24.68
36	雅加达	27.37	36	巴黎	24.54
37	布鲁塞尔	24.64	37	伊斯坦布尔	23.59
38	莫斯科	22.42	38	哥本哈根	22.07
39	台北	21.79	39	墨西哥城	15.67

图 3.2 城市数字化转型四个分领域转型速度排名

资料来源：作者根据研究数据绘制。

生活数字化转型速度排名		
排名	城 市	得分
1	孟买	60.06
2	新德里	56.58
3	班加罗尔	54.90
4	伊斯坦布尔	52.63
5	香港	50.82
6	都柏林	47.61
7	多伦多	46.25
8	慕尼黑	45.48
9	布鲁塞尔	45.30
10	墨西哥城	44.17
11	法兰克福	44.13
12	雅加达	43.55
13	华沙	42.83
14	马德里	42.63
15	斯德哥尔摩	41.39
16	莫斯科	39.50
17	巴黎	39.39
18	哥本哈根	39.26
19	米兰	38.94
20	悉尼	38.35
21	约翰内斯堡	37.39
22	芝加哥	36.39
23	北京	36.37
24	上海	36.09
25	旧金山	36.03
26	圣保罗	34.93
27	纽约	34.64
28	曼谷	34.24
29	吉隆坡	33.60
30	东京	33.11
31	洛杉矶	32.44
32	墨尔本	32.32
33	新加坡	31.03
34	迪拜	25.85
35	阿姆斯特丹	25.59
36	伦敦	23.93
37	大阪	22.51
38	台北	21.61
39	首尔	21.44

治理数字化转型速度排名		
排名	城 市	得分
1	雅加达	73.56
2	北京	67.21
3	上海	66.94
4	香港	60.60
5	伊斯坦布尔	60.60
6	约翰内斯堡	52.81
7	曼谷	50.78
8	新加坡	49.90
9	孟买	39.35
10	新德里	37.62
11	华沙	37.42
12	班加罗尔	37.39
13	都柏林	36.59
14	吉隆坡	36.25
15	台北	33.67
16	圣保罗	32.98
17	莫斯科	30.81
18	哥本哈根	29.61
19	旧金山	26.80
20	首尔	26.45
21	迪拜	26.10
22	芝加哥	25.92
23	纽约	21.92
24	洛杉矶	21.23
25	悉尼	20.17
26	东京	19.35
27	大阪	19.08
28	布鲁塞尔	18.99
29	墨尔本	18.59
30	阿姆斯特丹	18.40
31	多伦多	18.34
32	斯德哥尔摩	18.30
33	米兰	17.43
34	巴黎	16.09
35	伦敦	14.66
36	慕尼黑	14.56
37	墨西哥城	13.87
38	马德里	12.98
39	法兰克福	6.19

3.3.1　基础设施数字化转型速度

速度视角下的基础设施数字化转型指标体系由数字化基础设施、政策环境、资源要素支撑三个二级指标组成。根据既定的权重标准以及计算方法，最终得到指数结构（表3.5）。

表 3.5　城市基础设施数字化转型速度排名

城　市	速度得分	速度排名	数字化基础设施		政策环境		资源要素支撑	
			得分	排名	得分	排名	得分	排名
香港	59.11	1	55.64	6	75.50	3	46.19	9
北京	56.54	2	72.45	3	50.24	29	46.91	8
墨尔本	56.28	3	81.24	2	61.91	17	25.67	31
迪拜	56.00	4	46.74	8	80.01	2	41.24	11
悉尼	55.44	5	82.50	1	62.06	16	21.77	37
上海	55.06	6	72.28	4	44.50	35	48.40	7
圣保罗	53.10	7	28.30	23	57.45	21	73.54	2
首尔	52.32	8	58.71	5	73.47	7	24.79	35
墨西哥城	52.18	9	30.40	17	51.15	28	75.00	1
芝加哥	52.01	10	45.38	11	56.17	23	54.49	4
新加坡	50.96	11	40.50	15	70.28	9	42.10	10
多伦多	49.40	12	55.02	7	66.26	11	26.93	27
约翰内斯堡	48.28	13	45.52	10	72.51	8	26.81	28
巴黎	46.85	14	26.77	27	60.09	18	53.71	5
米兰	44.54	15	24.29	30	80.37	1	28.97	24
华沙	44.34	16	28.62	22	74.53	4	29.87	23
旧金山	43.39	17	45.94	9	54.22	26	30.02	22
慕尼黑	42.99	18	28.72	21	73.60	5	26.66	29
法兰克福	42.48	19	27.99	25	73.60	5	25.86	30
斯德哥尔摩	42.35	20	19.75	32	55.11	24	52.18	6
马德里	41.83	21	24.93	29	66.34	10	34.21	18
伊斯坦布尔	41.21	22	23.87	31	65.01	14	34.76	16
纽约	41.16	23	42.85	12	56.57	22	24.06	36
洛杉矶	40.82	24	42.42	13	54.67	25	25.36	32

城　市	速度得分	速度排名	数字化基础设施		政策环境		资源要素支撑	
			得分	排名	得分	排名	得分	排名
东京	40.14	25	29.27	18	65.92	13	25.24	33
哥本哈根	39.54	26	25.03	28	66.15	12	27.44	25
大阪	39.50	27	29.10	20	64.19	15	25.22	34
孟买	38.66	28	29.12	19	50.00	30	36.86	12
班加罗尔	37.85	29	27.90	26	50.00	30	35.66	14
新德里	36.76	30	28.04	24	46.44	33	35.80	13
都柏林	36.49	31	17.75	33	59.65	19	32.06	21
曼谷	36.32	32	41.98	14	33.64	38	33.33	19
阿姆斯特丹	36.16	33	13.39	35	38.70	37	56.38	3
伦敦	34.95	34	12.84	36	59.65	19	32.36	20
吉隆坡	33.33	35	35.36	16	30.38	39	34.26	17
雅加达	27.37	36	7.96	38	39.12	36	35.03	15
布鲁塞尔	24.64	37	1.61	39	44.87	34	27.44	25
莫斯科	22.42	38	12.56	37	51.85	27	2.86	38
台北	21.79	39	15.51	34	47.09	32	2.76	39

资料来源：作者测算编制。

　　从基础设施数字化转型速度的排名来看，前三甲依次为香港、北京、墨尔本，其中香港和墨尔本均为发达经济体城市。在前十强中有半数为发展中经济体城市，分别是第 2 名的北京、第 4 名的迪拜、第 6 名的上海、第 7 名的圣保罗、第 9 名的墨西哥城。这表明近年来发展中经济体城市在基础设施数字化转型方面有较快的发展，不逊色于发达经济体城市。欧美城市除了芝加哥进入前 10，其他城市尤其是老牌城市排名大多集中在第 23—34 名之间，如第 23 名的纽约、第 24 名的洛杉矶、第 25 名的东京、第 34 名的伦敦。可以看出欧美近年的基础设施数字化转型速度较缓。另外一个显著特点是，无论是发达国家还是发展中国家，在同一个国家内部的不同城市均很看重基础设施数字化的发展，转型速度相差不大，如在中国，北京、上海进入前十强，仅相差 4 名；在德国，慕尼黑、法兰克福分别排在第 18 名、第 19 名；在日本，东京名列第 25，大阪名列第 27；在印度，孟买、班加罗尔、新德里分别排在第 28 名、第 29 名、第 30 名。

　　从基础设施数字化转型速度的分领域来看，前十强城市中，"数字化基础设施"方面，澳大利亚的悉尼、墨尔本速度最快，分别位列第 1、第 2，也是为数不多的得分超过80分的；其次是中国的北京、上海，分别位列第3、第4。在"政策环境"方面，迪拜、香港得分较高，分别位列第2、第3，北京、上海得分最低，分别位列第29、第35，说明中国在数字化方面的政策环境条件相对处于弱势。在"资源要素支撑"方面，墨西哥城、圣保罗速度最快，分别位列第1、第2，而澳大利亚的墨尔本、悉尼在该领域转型速度较慢，排在第31名之后。对于排名较靠后的城市，虽然其综合得分较低，但可以看到不少城市在政策环境转型速度方面有较好的表现，说明其数字发展的政策支持环境较好，如东京、哥本哈根、伦敦等该项分数都在60—66分左右，远高于其平均综合得分。

从具体测度指标来看，在"网速"提升速度前十强中，上海、北京、首尔、迪拜、香港位居前5，均为亚洲城市。加拿大的多伦多及美国的四个城市纽约、洛杉矶、芝加哥、旧金山位居其后，且同一国家内的不同城市"网速"提升速度相同（图3.3）。在"手机渗透率"提升速度前十强中，澳大利亚的悉尼、墨尔本名列榜首且遥遥领先，其次是中国的北京、上海，以及加拿大的多伦多，同时在前十强中有60%为亚洲城市（图3.4）。而"手机渗透率"提升速度的后20名中集中了70%的欧美城市，且为渗透率逐年下降的负增速，这意味着以前有多部手机的人减少了其手机拥有量。总体来看，经济崛起中的亚洲城市在基础设施数字化转型速度方面已经超越欧美城市，而经济相对落后的南非城市也在部分赛道针对性发力，努力提升其基础设施数字化建设。

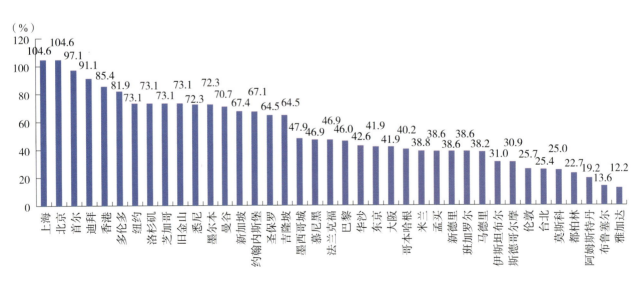

图 3.3 "网速"提升速度

资料来源：作者根据研究数据绘制。

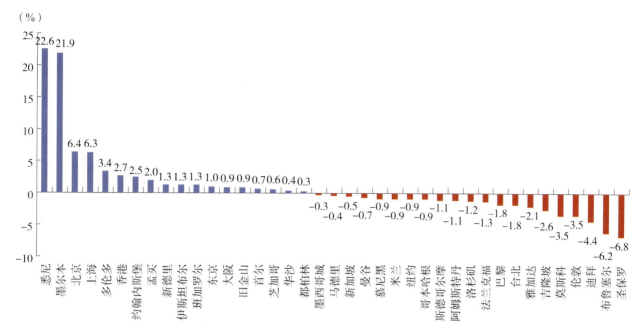

图 3.4 "手机渗透率"提升速度

资料来源：作者根据研究数据绘制。

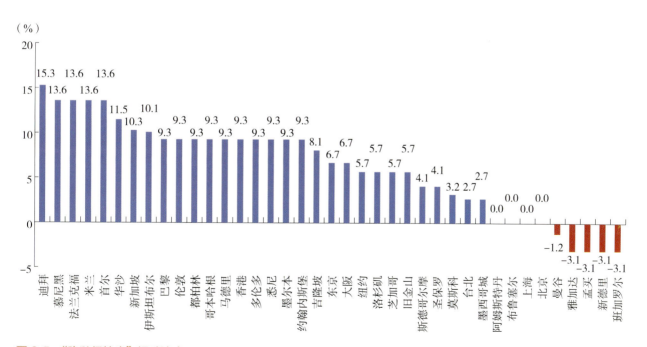

图 3.5 "隐私保护度"提升速度

资料来源：作者根据研究数据绘制。

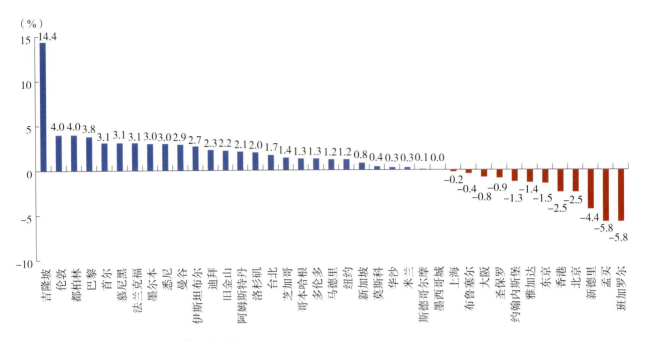

图 3.6 "易受攻击的计算机占比"增加速度

资料来源：作者根据研究数据绘制。

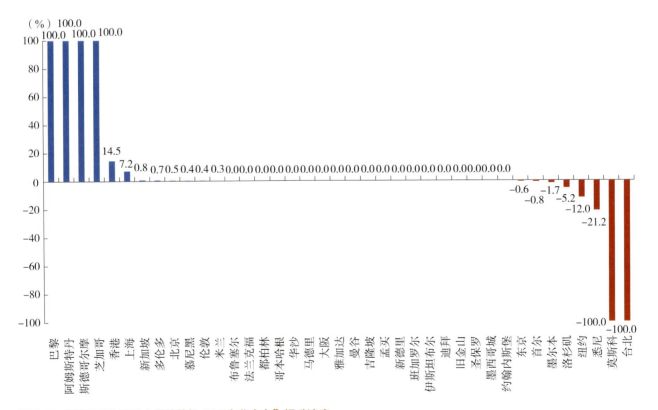

图 3.7 "所属 QS 世界大学计算机 &IT 专业实力"提升速度

资料来源：作者根据研究数据绘制。

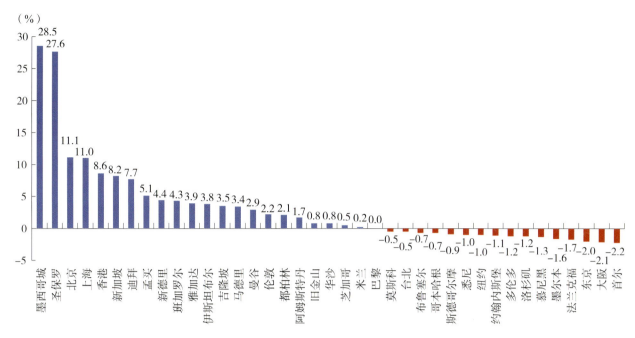

图 3.8 "ICT 投资的 GDP 占比"提升速度

资料来源：作者根据研究数据绘制。

在"隐私保护度"提升速度前十强中，欧洲城市占了六成，亚洲城市占了四成（即第 1 名的迪拜、第 5 名的首尔、第 7 名的新加坡、第 8 名的伊斯坦布尔），而最后 7 名均为亚洲城市（图 3.5）。在"易受攻击的计算机占比"增加速度前十强中，欧洲城市占了五成，而最后 10 名中亚洲城市占了八成，且均为负增速，说明其网络安全度不断提升（图 3.6）。可见，亚洲城市总体来说在互联网信息的隐私保护方面还有待提升，在计算机网络安全方面则近年来有较大的改善。

在反映数字化软环境转型速度的"所属 QS 世界大学计算机 &IT 专业实力"提升速度排名中，巴黎、阿姆斯特丹、斯德哥尔摩、芝加哥以相同提升速度并列第 1，这表明部分欧美城市在数字人才培养方面发展提升较快。而中国城市及新加坡也进入前十强并占据四席，分别是第 5 名的香港、第 6 名的上海、第 7 名的新加坡、第 9 名的北京，专业实力不断加强（图 3.7）。在数字化转型的重要驱动力"ICT 投资的 GDP 占比"提升速度方面，美洲城市墨西哥城和圣保罗遥遥领先，分别位居第 1、第 2，此外，前十强中亚洲城市占据八成（图 3.8）。这表明近年来在大型计算机专业实力方面中国、新加坡正在奋起直追，ICT 投资方面中国、新加坡、印度等亚洲相关国家城市也在不断加大力度，以提升数字化转型速度。

3.3.2　经济数字化转型速度

速度视角下的经济数字化转型指标体系由数字产业化、产业数字化以及数字贸易三个二级指标组成。根据既定的权重标准以及计算方法，最终得到指数结构（表 3.6）。

表 3.6　经济数字化转型速度排名

城　市	速度得分	速度排名	数字产业化		产业数字化		数字贸易	
			得分	排名	得分	排名	得分	排名
北京	69.17	1	54.42	3	79.47	1	73.62	1
上海	68.91	2	77.15	1	62.40	13	67.17	3
台北	49.87	3	56.22	2	45.19	27	48.20	5
东京	43.22	4	42.23	4	48.29	24	39.14	8
旧金山	40.40	5	15.79	9	74.52	2	30.90	24
新德里	39.76	6	12.55	13	71.96	4	34.77	17
香港	39.17	7	8.75	34	73.89	3	34.87	15
迪拜	38.93	8	9.51	19	38.99	35	68.28	2
墨尔本	38.31	9	10.99	15	69.82	5	34.11	20
都柏林	38.02	10	13.11	11	51.92	19	49.02	4
雅加达	37.48	11	9.51	19	66.96	8	35.96	12
悉尼	37.47	12	9.51	19	67.16	7	35.73	13
孟买	37.38	13	9.86	17	65.84	9	36.45	11
新加坡	36.15	14	32.47	5	51.95	18	24.03	32
纽约	36.14	15	13.08	12	69.21	6	26.14	29
班加罗尔	36.06	16	9.79	18	63.85	11	34.54	19
圣保罗	36.01	17	9.51	19	51.09	20	47.41	6
大阪	35.28	18	27.15	6	39.83	34	38.87	9
首尔	34.10	19	16.14	8	49.59	23	36.56	10
莫斯科	33.16	20	13.63	10	61.88	14	23.96	33
斯德哥尔摩	32.98	21	9.51	19	64.57	10	24.85	31
芝加哥	32.06	22	9.51	19	56.61	17	30.04	27
多伦多	31.14	23	12.38	14	47.35	25	33.67	21
曼谷	30.98	24	9.29	33	50.42	21	33.22	22

城　市	速度得分	速度排名	数字产业化		产业数字化		数字贸易	
			得分	排名	得分	排名	得分	排名
洛杉矶	30.65	25	9.51	19	56.96	16	25.47	30
阿姆斯特丹	30.37	26	17.31	7	60.34	15	13.45	37
华沙	29.87	27	9.51	19	44.67	29	35.42	14
伦敦	29.60	28	6.46	37	63.52	12	18.83	36
吉隆坡	28.05	29	9.43	32	47.32	26	27.40	28
马德里	27.04	30	6.47	36	39.97	33	34.69	18
法兰克福	26.87	31	9.51	19	40.26	32	30.84	25
布鲁塞尔	25.45	32	3.61	38	37.88	36	34.86	16
米兰	25.42	33	9.51	19	44.98	28	21.77	35
慕尼黑	24.84	34	0.00	39	42.53	30	31.98	23
约翰内斯堡	24.68	35	9.51	19	19.39	39	45.15	7
巴黎	24.54	36	10.43	16	41.25	31	21.93	34
伊斯坦布尔	23.59	37	9.51	19	50.26	22	11.00	39
哥本哈根	22.07	38	9.51	19	26.50	38	30.20	26
墨西哥城	15.67	39	8.30	35	27.18	37	11.52	38

资料来源：作者测算编制。

从经济数字化转型速度的综合排名来看，排名前4的都是亚洲城市，且中国占据了三席，而在前十强城市中亚洲城市占了七成。这表明基于经济、人口的规模效应，亚洲城市在数字经济领域取得比欧美城市更快的转型速度。老牌欧洲城市大都排在第26—38名之间的位置，相对集中。日本、美国城市的位次分布悬殊，显示出同一经济体内经济数字化发展极不平衡的特征。

从经济数字化转型速度的分领域表现来看，上海在数字产业化方面表现最好，转型速度以大于70的分数遥遥领先，位列第1。而前十强中旧金山、新德里、香港、迪拜、墨尔本、都柏林在数字产业化方面转型速度相对较慢，分数远低于其平均得分。北京在产业数字化转型速度上位居第1，其次是旧金山，香港、新德里也表现较好。北京在数字贸易领域也具有最快的转型速度，迪拜、上海紧随其后。就39个样本城市总体来看，在经济数字化转型的三个二级指标维度上，产业数字化的转型速度大都较快，远高于数字产业化。

从数字产业化测度指标来看，上海居"大型信息服务企业市值"增加速度榜首，遥遥领先于其他城市，在前十强中，亚洲、美洲、欧洲城市各占4个、3个、

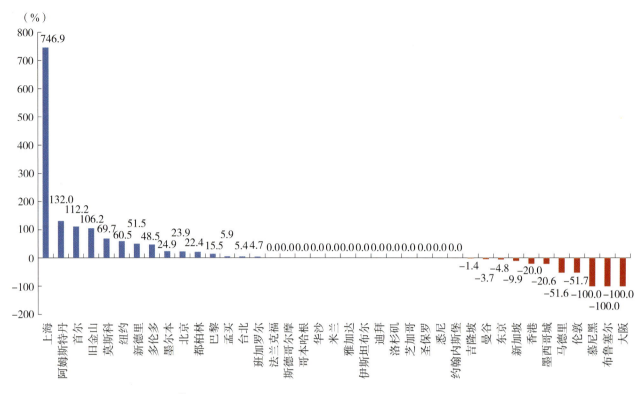

（％）

图 3.9 "大型信息服务企业市值"增加速度

资料来源：作者根据研究数据绘制。

2个，分布相对均衡（图3.9）。在"大型计算机、通信和其他电子设备制造企业市值"增加速度前十强中，亚洲城市有7个，欧洲城市有3个，且亚洲城市增速较高，表现出了在数字产品制造业领域的强劲增长势头，而全球大部分城市在该领域近年来发展速度无变化（图3.10）。总体来看，数字产业化方面近年来亚洲城市发展动力较强于其他地区城市。

产业数字化方面，"工业机器人密度"是产业数字化中制造业数字化的代表性指标，在这一领域的提升速度中，前三强均为亚洲城市，分别是香港、北京、上海。全球经济重心，尤其是制造业向亚洲的转移，赋予该地区城市大规模使用工业机器人的便利条件。美国是制造业大国，其制造业已有较高的数字化水平，但近年来增长动力不足，转型速度表现一般。欧洲由于早已确立了服务经济为主的经济结构，因此老牌欧洲城市大都没有入列前十强，且哥本哈根表现出了明显的退步趋势（图3.11）。在反映金融数字化的"金融科技"发展速度上，欧美发达国家的城市名列前茅，如旧金山位列第1，纽约位列第2，伦敦位列第3，且前十强中欧美城市占七成（图3.12）。说明老牌金融中心城市在金

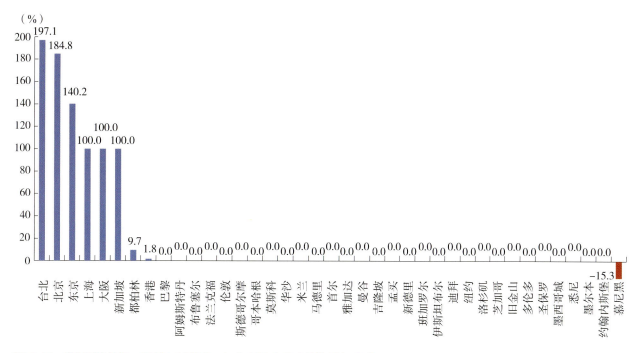

图 3.10 "大型计算机、通信和其他电子设备制造企业市值"增加速度

资料来源：作者根据研究数据绘制。

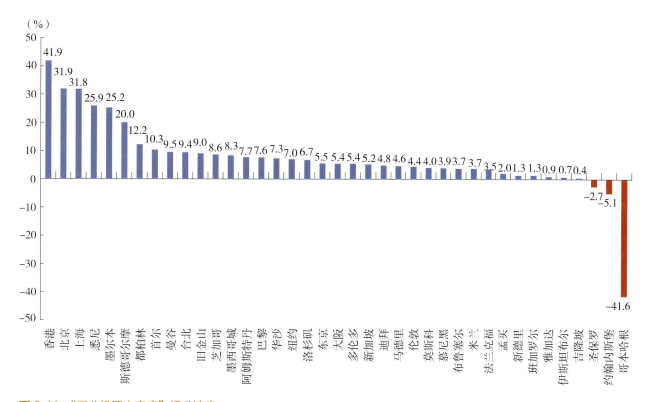

图 3.11 "工业机器人密度"提升速度

资料来源：作者根据研究数据绘制。

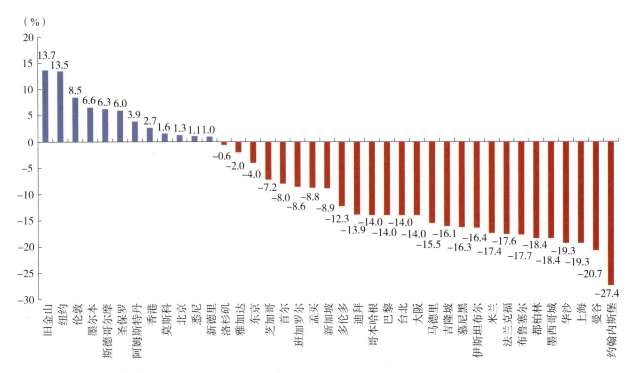

图 3.12 "金融科技"发展速度

资料来源：作者根据研究数据绘制。

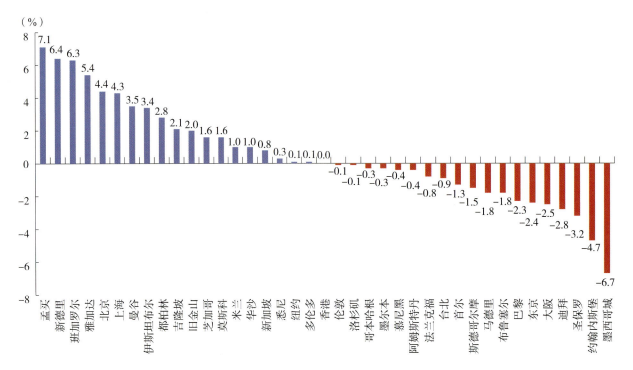

图 3.13 "电子商务"发展速度

资料来源：作者根据研究数据绘制。

融产业的数字化转型速度上也处于领跑位置。而 2021 年全球金融中心指数排名前十强的部分城市在金融数字化发展速度上表现较迟缓，如上海、新加坡、巴黎、东京排名均在第 15 名之后。同时近 70% 的城市该指标是负增长，说明在全球经济大环境衰退下，金融数字化的发展进程亦受到较大影响。"电子商务"发展速度前十强中，除了爱尔兰的都柏林，其他全部为发展中国家城市，印度的孟买、新德里、班加罗尔位居前三强，中国的北京、上海分别位列第 5 和第 6，说明发展中国家在电子商务领域发展速度较快，遥遥领先于发达国家（图 3.13）。但总体来看，样本城市中有半数电子商务发展速度呈负增长，一方面说明其经济、贸易发展趋缓，另一方面可能是其他城市的快速发展抢占了其原有市场份额。

专栏 3.4　北京数字经济中国领先

当前，北京正在大力推进数字经济产业发展，努力建设全球数字经济标杆城市。北京市统计局数据显示，2021 年上半年地区生产总值 19 228 亿元，与 2019 年同期相比，两年平均增长 4.8%。其中信息传输、软件和信息技术服务业增加值为 3 500.9 亿元，位居中国第一。

国际调研机构 IDC 最新报告估算，2021 年中国 IT 支出（包括硬件、软件和 IT 服务）将达到 2.21 万亿元，相比 2020 年增长 10.0%。长三角、大湾区、京津冀等区域 IT 支出位居前列。其中北京、广东、上海的 IT 支出位居前三，分别为 2 674.5 亿元、2 594.5 亿元与 1 652.7 亿元。

北京具备极强的总部经济效应。这里聚集了一批央企，也是国内大量头部企业的注册地。从数据指标、产业转轨等维度来看，北京是中国数字经济的领头羊。和珠三角、长三角不同，北京作为中国的行政中心和经济中心，数字经济的发展深受产业政策影响。

过去几年，北京产业疏解让一批重工业逐步退出，严格的调控政策使地产行业回归理性。数字经济和实体经济的融合带动了新经济升级。汽车等高端制造业正在朝智能化、电动化方向转型。

北京产业特点突出，以科技创新、国际贸易、高端产业为主。金融证券、车联网、新能源、人工智能、工业互联网以及互联网领域的重点企业均有"上云"需求。中信建投证券、北汽集团、猎户星空、新浪等代表企业在不同领域、方向通过"上云"的方式正在全面加速迈向数字化智能化。

资料来源：施然，《北京成为数字经济领头羊的最新经验》，财经杂志，2022 年 1 月。

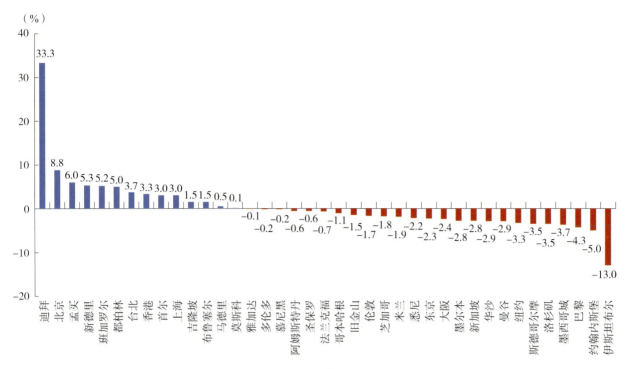

图 3.14 "计算机、通信和其他电子设备贸易占货物贸易比重"提升速度

资料来源：作者根据研究数据绘制。

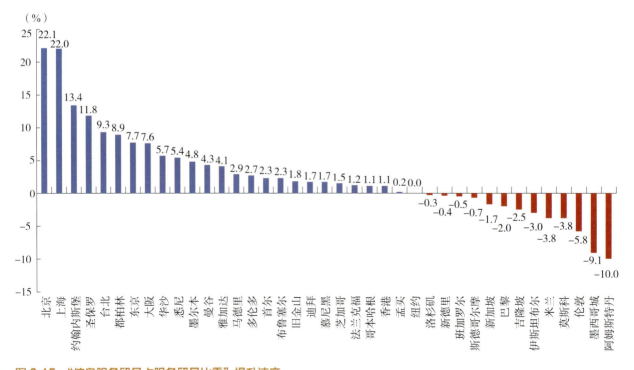

图 3.15 "信息服务贸易占服务贸易比重"提升速度

资料来源：作者根据研究数据绘制。

在反映数字贸易的产品贸易和服务贸易领域，亚洲城市拥有较快的提升速度。在反映产品贸易的"计算机、通信和其他电子设备贸易占货物贸易比重"提升速度前十强榜单上，有90%是亚洲城市，欧洲城市仅有都柏林进入，位居第6（图3.14）。在反映服务贸易的"信息服务贸易占服务贸易比重"提升速度前十强榜单上，有50%是亚洲城市，且亚洲城市提升速度排名较靠前（图3.15）。中国城市北京、上海和台北在数字贸易两大领域中均有较快的提升速度。随着全球数字化发展进程不断加快，亚洲城市的数字化基础设施水平快速提升，且区域间不断加强合作，极大地推动了亚洲城市数字贸易的快速形成。

3.3.3 生活数字化转型速度

速度视角下的生活数字化转型指标体系由教育数字化、购物数字化、交往数字化、求职数字化四个二级指标组成。根据既定的权重标准以及计算方法，最终得到指数结构（表3.7）。

表3.7 生活数字化转型速度排名

城 市	速度得分	速度排名	教育数字化		购物数字化		交往数字化		求职数字化	
			得分	排名	得分	排名	得分	排名	得分	排名
孟买	60.06	1	51.30	17	41.23	8	100.00	1	47.73	10
新德里	56.58	2	48.86	18	32.72	18	97.02	2	47.73	10
班加罗尔	54.90	3	48.53	19	26.72	23	96.62	3	47.73	10
伊斯坦布尔	52.63	4	42.94	28	100.00	1	22.13	24	45.45	13
香港	50.82	5	47.44	20	39.64	13	16.22	30	100.00	1
都柏林	47.61	6	100.00	1	27.64	20	35.52	14	27.27	32
多伦多	46.25	7	61.08	8	53.42	3	34.13	15	36.36	22
慕尼黑	45.48	8	58.71	11	12.63	35	67.71	4	42.86	15
布鲁塞尔	45.30	9	40.16	29	48.35	5	41.17	10	51.52	3
墨西哥城	44.17	10	46.47	21	66.32	2	21.01	28	42.86	15
法兰克福	44.13	11	56.99	12	10.88	36	65.79	5	42.86	15
雅加达	43.55	12	53.03	16	17.04	31	50.89	8	53.25	2

城　市	速度得分	速度排名	教育数字化		购物数字化		交往数字化		求职数字化	
			得分	排名	得分	排名	得分	排名	得分	排名
华沙	42.83	13	33.17	35	22.60	29	64.05	6	51.52	3
马德里	42.63	14	54.23	15	40.78	11	36.12	11	39.39	20
斯德哥尔摩	41.39	15	78.65	2	14.35	34	21.03	27	51.52	3
莫斯科	39.50	16	34.58	34	14.94	33	56.99	7	51.52	3
巴黎	39.39	17	75.16	4	16.03	32	23.79	22	42.58	18
哥本哈根	39.26	18	78.24	3	27.01	22	24.53	21	27.27	32
米兰	38.94	19	65.21	5	27.35	21	24.74	19	38.46	21
悉尼	38.35	20	45.94	22	48.60	4	25.00	18	33.88	26
约翰内斯堡	37.39	21	35.10	33	24.56	25	41.83	9	48.05	9
芝加哥	36.39	22	61.98	7	36.40	15	14.27	32	32.93	28
北京	36.37	23	59.85	9	24.37	26	25.10	17	36.18	23
上海	36.09	24	59.47	10	23.98	27	24.72	20	36.18	23
旧金山	36.03	25	63.30	6	32.32	19	15.56	31	32.93	28
圣保罗	34.93	26	28.71	36	41.12	10	21.31	25	48.56	8
纽约	34.64	27	56.00	13	41.21	9	8.44	36	32.93	28
曼谷	34.24	28	43.17	27	25.18	24	18.37	29	50.24	7
吉隆坡	33.60	29	45.31	24	23.97	28	23.28	23	41.82	19
东京	33.11	30	27.44	37	41.62	7	36.12	11	27.27	32
洛杉矶	32.44	31	54.97	14	34.43	16	7.44	37	32.93	28
墨尔本	32.32	32	43.61	26	39.71	12	12.09	33	33.88	26
新加坡	31.03	33	39.07	30	47.95	6	9.83	35	27.27	32
迪拜	25.85	34	35.81	32	22.12	30	0.00	39	45.45	13
阿姆斯特丹	25.59	35	36.78	31	34.19	17	31.38	16	0.00	39
伦敦	23.93	36	0.00	39	39.51	14	21.16	26	35.06	25
大阪	22.51	37	27.07	38	0.00	39	35.70	13	27.27	32
台北	21.61	38	45.71	23	6.33	37	7.16	38	27.27	32
首尔	21.44	39	44.02	25	4.58	38	9.88	34	27.27	32

资料来源：作者测算编制。

生活数字化转型领域依然是亚洲城市的强项，前五强均为亚洲城市，依次是孟买、新德里、班加罗尔、伊斯坦布尔、香港。另有3个欧洲城市（都柏林、慕尼黑、布鲁塞尔分别位列第6、第8、第9）、2个美洲城市（多伦多、墨西哥城分别位列第7、第10）进入前十强。这表明亚洲城市较为注重生活数字化转型，近年来大力支持其发展。究其原因，部分亚洲城市人口众多，再加上政府大力推动，因此居民在购物、社交等领域的数字化转型取得了快速进步。而欧洲城市人口少，再加上居民隐私意识比较强，使得生活数字化转型上的积极性大打折扣，因此欧洲城市整体上反而比不上亚洲城市。

在"在线学习人数在16—74岁人群中占比"方面，欧美城市的提升速度总体强于亚洲城市，前八名均为欧美城市，北京、上海位列第9、第10。部分欧洲城市虽然生活数字化转型速度整体较慢，但在教育数字化领域发展速度表现亮眼，如都柏林、巴黎、哥本哈根、斯德哥尔摩领跑于其他城市（图3.16）。但是单单这一领域的突出表现难以改变发达经济体城市在整个生活数字化转型速度上的颓势。

在"线上购物人口占比"提升速度的前十强中，美洲、亚洲表现同等强势，

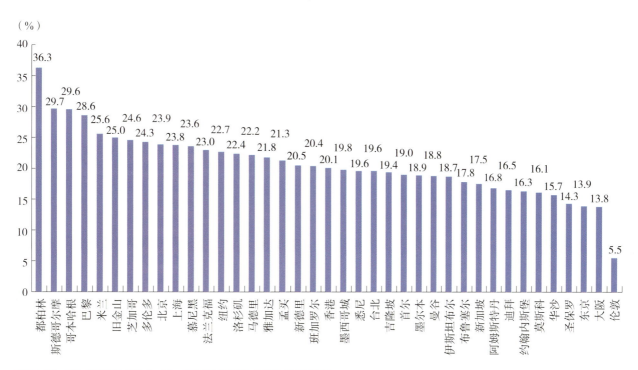

图3.16 "在线学习人数在16—74岁人群中占比"提升速度

资料来源：作者根据研究数据绘制。

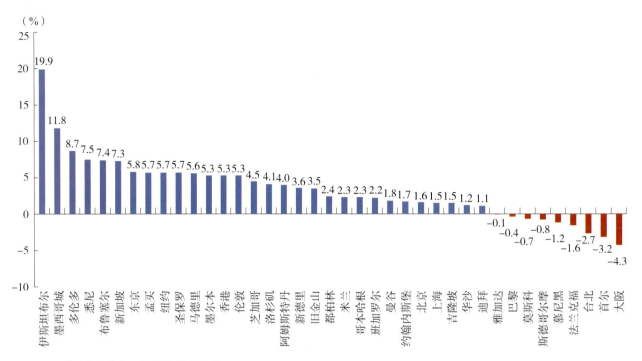

图 3.17 "线上购物人口占比"提升速度

资料来源：作者根据研究数据绘制。

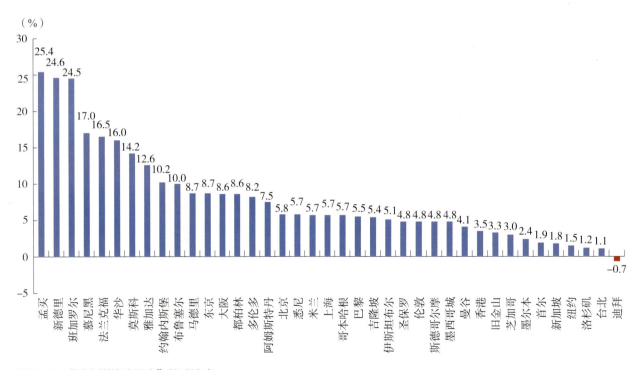

图 3.18 "社交媒体渗透率"提升速度

资料来源：作者根据研究数据绘制。

各占 4 个城市，欧洲、大洋洲各占 1 个城市（图 3.17）。而部分亚洲城市如中国的北京、上海近五年线上购物人口占比提升速度虽较慢，但在几年前已有较高的发展水平。

在"社交媒体渗透率"提升速度方面，亚洲城市包揽前三强，这显然与这些城市人口众多，相关企业容易获得规模效益有关（图 3.18）。而老牌全球城市如东京、巴黎、伦敦、纽约、洛杉矶等，其几年前社交媒体渗透率已达到较高水平，市场相对饱和，因此近年来提升速度表现一般。中国城市社交媒体渗透率目前也表现较好，但已度过高速发展期，因此近几年发展速度相对较缓。

在"通过 LinkedIn 求职的人数"增加速度方面，前十强中各洲城市均有分布，以亚欧居多，且大多城市为发展中国家城市，香港以最快速度位列第 1（图 3.19）。前十强发展速度较快的原因主要是领英在当地仍是早期新兴市场，因此处于快速扩张中。而原先领英渗透率已较高的美国、英国、澳大利亚等国家的城市其近年来增速相对较缓。

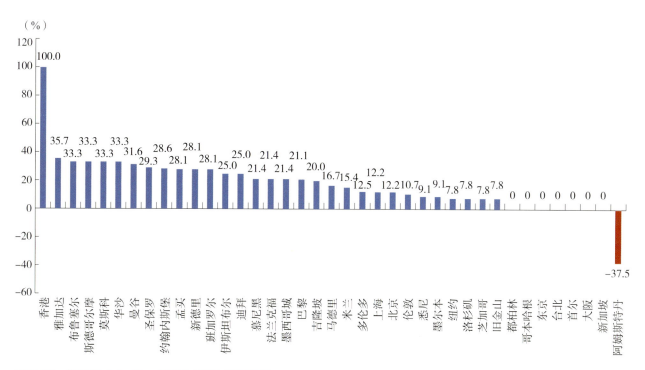

图 3.19 "通过 LinkedIn 求职的人数"增加速度

资料来源：作者根据研究数据绘制。

3.3.4 治理数字化转型速度

速度视角下的治理数字化转型指标体系由数据开放、政府服务数字化、参与数字化三个二级指标组成。根据既定的权重标准以及计算方法，最终得到指数结构（表3.8）。

表 3.8
治理数字化转型速度排名

城　市	速度得分	速度排名	数据开放		政府服务数字化		参与数字化	
			得分	排名	得分	排名	得分	排名
雅加达	73.56	1	20.69	17	100.00	1	100.00	1
北京	67.21	2	100.00	1	57.00	4	44.62	3
上海	66.94	3	100.00	1	56.63	5	44.21	4
香港	60.60	4	98.52	3	47.69	15	35.60	12
伊斯坦布尔	60.60	5	54.26	6	69.69	2	57.84	2
约翰内斯堡	52.81	6	61.80	5	54.82	6	41.82	8
曼谷	50.78	7	41.04	7	67.19	3	44.11	5
新加坡	49.90	8	98.52	3	29.85	28	21.33	24
孟买	39.35	9	29.00	9	52.17	9	36.88	10
新德里	37.62	10	29.00	9	49.71	12	34.16	13
华沙	37.42	11	30.94	8	53.34	7	28.00	19
班加罗尔	37.39	12	29.00	9	49.38	14	33.79	14
都柏林	36.59	13	20.85	16	44.80	16	44.11	5
吉隆坡	36.25	14	15.64	20	50.02	11	43.08	7
台北	33.67	15	14.92	23	49.64	13	36.43	11
圣保罗	32.98	16	20.16	18	51.31	10	27.46	20
莫斯科	30.81	17	23.20	13	39.77	17	29.44	18
哥本哈根	29.61	18	2.34	38	52.93	8	33.58	15
旧金山	26.80	19	10.32	32	37.94	18	32.14	16
首尔	26.45	20	21.55	14	37.77	19	20.04	26
迪拜	26.10	21	10.61	31	29.96	27	37.73	9
芝加哥	25.92	22	10.32	32	36.70	20	30.73	17
纽约	21.92	23	10.32	32	31.08	22	24.35	21
洛杉矶	21.23	24	10.32	32	30.12	26	23.26	22

城　市	速度得分	速度排名	数据开放		政府服务数字化		参与数字化	
			得分	排名	得分	排名	得分	排名
悉尼	20.17	25	14.17	26	30.42	24	15.91	28
东京	19.35	26	14.92	23	30.52	23	12.60	31
大阪	19.08	27	14.92	23	30.14	25	12.18	33
布鲁塞尔	18.99	28	21.55	14	21.46	36	13.96	29
墨尔本	18.59	29	14.17	26	28.18	30	13.40	30
阿姆斯特丹	18.40	30	10.85	30	28.19	29	16.15	27
多伦多	18.34	31	13.23	29	21.31	37	20.49	25
斯德哥尔摩	18.30	32	0.00	39	32.74	21	22.17	23
米兰	17.43	33	28.71	12	23.20	34	0.37	38
巴黎	16.09	34	13.73	28	27.20	31	7.33	36
伦敦	14.66	35	4.59	37	26.90	32	12.48	32
慕尼黑	14.56	36	15.64	20	16.78	38	11.27	34
墨西哥城	13.87	37	19.30	19	21.66	35	0.63	37
马德里	12.98	38	15.20	22	23.74	33	0.00	39
法兰克福	6.19	39	9.08	36	0.00	39	9.50	35

资料来源：作者测算编制。

　　治理数字化转型速度前十强除了约翰内斯堡（第 6 名），其他都是亚洲城市。雅加达、北京、上海、香港、伊斯坦布尔位列前 5，而且雅加达是唯一一个得分超过 70 的城市。大部分欧美城市分布在第 22—39 名之间，占据了其中近 70% 的比重，相对集中。过去几十年来亚洲城市在数据开放及数字参与程度方面表现一般，但近年来随着经济与科技开放度不断提升，城市开放度不断提高，政府也有意不断提升治理的数字化服务。这也是亚洲城市在治理数字化转型速度方面排名靠前的主要原因。

　　在数据开放方面，亚洲城市取得了不错的成绩，在"数据开放"提升速度前十强中占据了 8 个席位，其中中国城市和新加坡以 15% 左右的较高速度位居前四强，上海和北京分列第 1、第 2 名，香港和新加坡分列第 3、第 4 名（图 3.20）。雅加达以 18.2% 的最快速度在"在线服务"提升速度前十强中居榜首，亚洲城市同样占据了半数以上（图 3.21）。在"电子参与"提升速度上，经济发达程度相对一般的亚洲城市同样位居前列（图 3.22）。

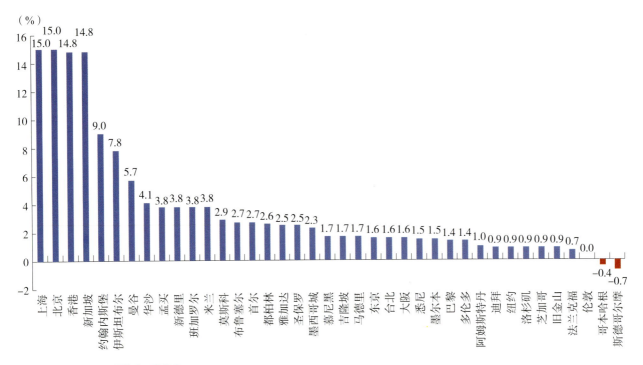

图 3.20 "数据开放"提升速度

资料来源：作者根据研究数据绘制。

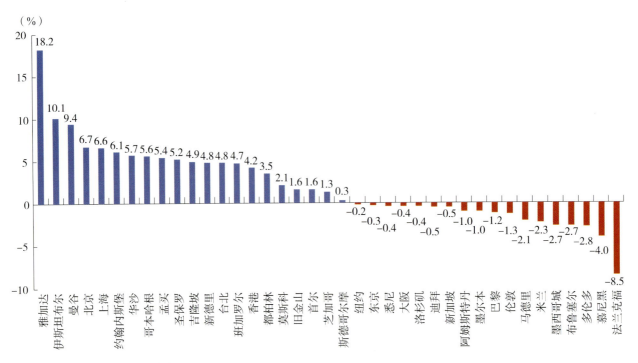

图 3.21 "在线服务"提升速度

资料来源：作者根据研究数据绘制。

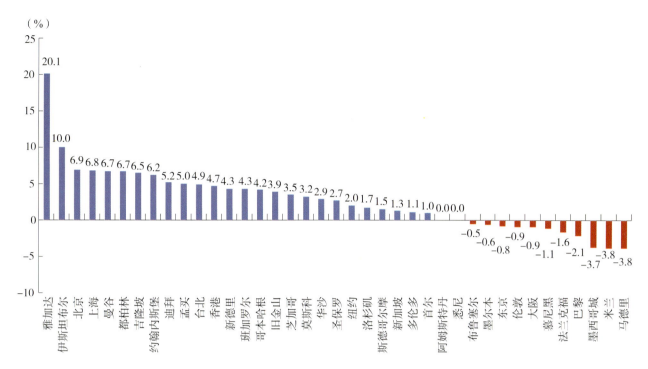

（%）

图 3.22 "电子参与"提升速度

资料来源：作者根据研究数据绘制。

3.4 速度视角下数字化转型城市的分类

本报告根据 2016—2020 年城市数字化转型平均增速得分，将 39 个样本城市分为超快速转型城市、快速转型城市、中速转型城市和慢速转型城市四大类（表 3.9）。超快速转型城市，即数字化转型速度得分超过 50 分的城市，包含北京、上海和香港，这类城市在过去五年整体实现了城市数字化水平的大幅度跃升。快速转型城市，即数字化转型速度得分在 40—50 分的城市，包含雅加达、伊斯坦布尔、孟买、新德里、新加坡、班加罗尔、约翰内斯堡等 7 座城市，这些城市主要分布在亚非，过去五年城市数字化水平提升水平显著。中速转型城市，即速度得分在 30—40 分的城市，包括都柏林、圣保罗、华沙等 24 个城市，这些城市的数字化转型速度保持稳定水平。最后，本报告将速度得分低于 30 分的城市认定为慢速转型城市，主要包含法兰克福、大阪、布鲁塞尔、阿姆斯特丹和伦敦等 5 座城市，这些城市过去五年数字化转型速度较为缓慢。

排名	城市	综合得分	类型
1	北京	57.32	超快速转型城市（速度得分 ≥ 50）
2	上海	56.75	
3	香港	52.43	
4	雅加达	45.49	快速转型城市（40 ≤ 速度得分 < 50）
5	伊斯坦布尔	44.51	
6	孟买	43.86	
7	新德里	42.68	
8	新加坡	42.01	
9	班加罗尔	41.55	
10	约翰内斯堡	40.79	
11	都柏林	39.68	中速转型城市（30 ≤ 速度得分 < 40）
12	圣保罗	39.25	
13	华沙	38.62	
14	曼谷	38.08	
15	悉尼	37.86	
16	迪拜	36.72	
17	旧金山	36.66	
18	芝加哥	36.60	
19	墨尔本	36.37	
20	多伦多	36.28	
21	东京	33.95	
22	斯德哥尔摩	33.75	
23	首尔	33.58	
24	纽约	33.47	
25	吉隆坡	32.81	
26	哥本哈根	32.62	
27	慕尼黑	31.97	
28	台北	31.74	
29	巴黎	31.72	
30	米兰	31.58	
31	莫斯科	31.47	
32	墨西哥城	31.47	
33	洛杉矶	31.28	
34	马德里	31.12	
35	法兰克福	29.92	慢速转型城市（0 ≤ 速度得分 < 30）
36	大阪	29.09	
37	布鲁塞尔	28.59	
38	阿姆斯特丹	27.63	
39	伦敦	25.79	

3.4.1 超快速转型城市（3座）

数字化超快速转型城市共有 3 个，即北京、上海和香港，它们在各测度指标上的转型速度如表 3.10 所示。

北京数字化转型速度得分高达 57.32 分，排名第 1。除生活数字化转型速度相对缓慢外，北京其他三个领域的数字化转型速度都表现突出，均在前 2 名，尤其是在经济数字化领域位列 39 个样本城市中的首位。北京的"大型计算机、通

表 3.10
超快速转型城市指标速度与排名

测度指标	北京		上海		香港	
	速度（%）	排名	速度（%）	排名	速度（%）	排名
网速	104.6	1	104.6	1	85.4	5
手机渗透率	6.4	3	6.3	4	2.7	6
隐私保护度	0	31	0	31	9	9
易受攻击的计算机占比	−2.5	36	−0.2	28	−2.5	35
所属 QS 世界大学计算机＆IT 专业实力	0.5	9	7.2	6	14.5	5
ICT 投资的 GDP 占比	11.1	3	11.0	4	8.6	5
大型信息服企业市值	23.9	10	746.9	1	−20.0	33
大型计算机、通信和其他电子设备制造企业市值	184.8	2	100.0	4	1.8	8
工业机器人密度	31.9	2	31.8	3	41.9	1
金融科技	1.3	10	−19.3	37	2.7	8
电子商务	4.4	5	4.3	6	0.0	20
计算机、通信和其他电子设备贸易占货物贸易比重	8.8	2	3.0	10	3.3	8
信息服务贸易占服务贸易比重	22.1	1	22.0	2	1.1	24
在线学习人数在 16—74 岁人群中占比	23.9	9	23.8	10	20.1	20
线上购物人口占比	1.6	26	1.5	27	5.3	13
社交媒体渗透率	5.8	17	5.7	20	3.5	30
通过 LinkedIn 求职的人数	12.2	23	12.2	23	100.0	1
数据开放	15.0	1	15.0	1	14.8	3
在线服务	6.7	4	6.6	5	4.2	15
电子参与	6.9	3	6.8	4	4.7	12

资料来源：作者测算编制。

信和其他电子设备制造企业的市值"从 2016 年的 8.9 亿美元增加到 2020 年的 585.5 亿美元，年均增速达 184.8%，实现了五年市值翻 65 倍的"奇迹"；"工业机器人密度"由 2016 年每万职工 84.21 个到 2020 年每万职工 254.75 个，年均增速为 31.9%，实现五年翻 3.03 倍。另外，在基础设施数字化转型方面，北京的"网速"由 2016 年的 8.9 Mbps 提升到 2020 年 155.9 Mbps，年均增速达 104.6%，五年来网速提高了 17.5 倍，保持国际领先水平。北京的"手机渗透率"由 2016 年的 118.88% 提高到 2020 年的 152.58%，年均增速为 6.4%。在治理数字化转型方面，北京的"数据开放"从 2016 年的 0.2 分上升到 2020 年 0.35 分，年均增速为 15%。

上海城市数字化转型速度得分高达 56.75，排名第 2，在经济数字化和治理数字化维度表现突出，分别位列第 2，和第 3。在经济数字化转型方面，上海的"大型信息服务企业市值"年均增速排名第 1，由 2016 年的 0.04 亿美元到 2020 年 191.2 亿美元，年均增速达 746.9%，实现五年市值翻 4780 倍；"工业机器人密度"由 2016 年每万职工 87.35 个到 2020 年每万职工 263.26 个，年均增速为 31.8%，实现五年翻 3.01 倍；"通信、计算机和信息服务的服务贸易占比"增速排名第 2，由 2016 年的 7.59% 到 2020 年 16.82%，年均增速为 22%，实现五年占比翻番。基础设施数字化转型方面，上海的"ICT 投资的 GDP 占比"由 2016 年的 2.95% 到 2020 年的 4.48%，年均增速为 11.04%；"网速"和"手机渗透率"指标的增长速度与北京相似，五年增速显著。同时，上海在治理数字化方面的"数据开放"年均增速也与北京年均增速相似。

香港数字化转型速度得分为 52.43 分，排名第 3，四个领域的数字化转型均表现较好，尤其是在基础设施数字化上排名第 1，生活数字化排名第 5，治理数字化排名第 4。基础设施数字化领域中，香港的"网速"由 2016 年的 6.1 Mbps 上升到 2020 年的 72.1 Mbps，年均增速高达 85.4%，翻了 11.8 倍；"ICT 投资的 GDP 占比"由 2016 年的 2.32% 上涨到 2020 年的 3.22%，年均增速为 8.6%。经济数字化领域中，香港的"工业机器人密度"从 2016 年每万职工 68.68 个增加到 2020 年每万职工 278.10 个，年均增速达 41.9%，实现五年翻 4.05 倍，排名第 1。生活数字化领域中，香港"通过领 LinkedIn 求职的人数"年均增速达 100%，五年翻了 16 倍，排名第 1。治理数字化领域中，香港的"数据开放"由 2016 年的 0.53 分上涨到 2020 年的 0.92 分，年均增速为 14.8%，增长显著。

超快速转型城市全部位于中国，转型速度迅猛，发展快，颇见成效。

3.4.2 快速转型城市（7座）

快速转型城市共有7个，各指标的具体转型速度和排名如表3.11所示。7个城市中印度城市有3个，反映出印度的数字化转型步幅大，速度快。

印度尼西亚的雅加达在全球数字化转型速度排名中获得45.49分，排名第4，在治理数字化领域表现一骑绝尘，排名第1，远超第2、第3名。首先，在治理

表 3.11
快速转型城市指标速度与排名

测度指标	雅加达		伊斯坦布尔		孟买		新德里		新加坡		班加罗尔		约翰内斯堡	
	速度（%）	排名	速度（%）	排名	速度（%）	排名	速度（%）	排名	速度（%）	排名	速度（%）	排名	速度（%）	排名
网速	12.2	39	31.0	31	38.6	27	38.6	27	67.4	14	38.6	27	67.1	15
手机渗透率	-2.1	33	1.3	10	2.0	8	1.3	9	-0.5	21	1.3	11	2.5	7
隐私保护度	-3.1	36	10.1	8	-3.1	36	-3.1	36	10.3	7	-3.1	36	9.3	9
易受攻击的计算机占比	-1.4	33	2.7	11	-5.8	38	-4.4	37	0.8	22	-5.8	38	-1.3	32
所属 QS 世界大学计算机 & IT 专业实力	0.0	13	0.0	13	0.0	13	0.0	13	0.8	7	0.0	13	0.0	13
ICT 投资的 GDP 占比	3.9	11	3.8	12	5.1	8	4.4	9	8.2	6	4.3	10	-1.1	31
大型信息服企业市值	0.0	16	0.0	16	5.9	13	51.5	7	-9.9	32	4.7	15	0.0	16
大型计算机、通信和其他电子设备制造企业市值	0.0	9	0.0	9	0.0	9	0.0	9	100.0	4	0.0	9	0.0	9
工业机器人密度	0.9	34	0.7	35	2.0	31	1.3	32	5.2	22	1.3	33	-5.1	38
金融科技	-2.0	14	-16.4	30	-8.8	19	1.0	12	-8.9	20	-8.6	18	-27.4	39
电子商务	5.4	4	3.4	8	7.1	1	6.4	2	0.8	16	6.3	3	-4.7	38
计算机、通信和其他电子设备贸易占货物贸易比重	-0.1	15	-13.0	39	6.0	3	5.3	4	-2.8	30	5.2	5	-5.0	38
信息服务贸易占服务贸易比重	4.1	13	-3.0	34	0.2	25	-0.4	28	-1.7	31	-0.5	29	13.4	3
在线学习人数在16—74岁人群中占比	21.8	16	18.7	28	21.3	17	20.5	18	17.5	30	20.4	19	16.3	33
线上购物人口占比	-0.1	31	19.9	1	5.7	8	3.6	18	7.3	6	2.2	23	1.7	25
社交媒体渗透率	12.6	8	5.1	24	25.4	1	24.6	2	1.8	35	24.5	3	10.2	9
通过 LinkedIn 求职的人数	35.7	2	25.0	13	28.1	10	28.1	10	0.0	32	28.1	10	28.6	9
数据开放	2.5	17	7.8	6	3.8	9	3.8	9	14.8	3	3.8	9	9.0	5
在线服务	18.2	1	10.1	2	5.4	9	4.8	12	-0.5	28	4.7	14	6.1	6
电子参与	20.1	1	10.0	2	5.0	10	4.3	13	1.3	24	4.3	14	6.2	8

资料来源：作者测算编制。

数字化领域的三个二级指标中，雅加达有两个即"在线服务"和"电子参与"排名第1。其"在线服务"由 2016 年的 0.28 分提高到 2020 年的 0.54 分，五年提高 0.26 分，年均增速为 18.2%；"电子参与"从 2016 年的 0.29 分到 2020 年的 0.60 分，五年提高 0.31 分，年均增速达 20.1%。其次，在其余三个领域雅加达都有表现突出指标。在基础设施数字化领域，雅加达的"易受攻击的计算机占比"从 2016 年的 42.54% 下降到 2020 年的 40.15%，年均降速 1.4%；在经济数字化领域，雅加达的"电子商务"指标从 2016 年的 32.14 分到 2020 年的 39.72 分，年均增速为 5.4%；在生活数字化领域，雅加达的"通过 LinkedIn 求职的人数"

专栏 3.5　雅加达启动"智慧城市门户"项目

2015 年，雅加达启动了"智慧城市门户"项目，其主要目标是创建一个向市民传播数据的平台，并提高政府的透明度和公信力。这个全新的系统不仅整合了所有的公众投诉，而且将处理时间平均缩短至 9 小时，完成率也高达 88%。

该项目由负责设计和实施的 IT 开发团队实施。部门之间的数据集成是该项目的一个关键特征。API 服务允许各个部门自动或半自动地在应用程序和系统之间集成。此外，为了共同创建解决方案，第三方（如公司、初创公司，甚至业余爱好者）都可以根据需要进行协作。物联网甚至允许在硬件级别上进行集成。雅加达智能城市门户网站集成多个系统的一个例子是其与谷歌地图的总线跟踪系统连接，以及两个应用程序 Trafi 和 Appaia，它们在其平台上提供公交车时刻表服务。

政府为该项目实施了总计约 446 万美元（630 亿卢比）的资金。此外，政府还与私营部门实体合作，为政府雇员提供培训和技术指导。该项目包括用于根据数据提交公民反馈的资源。当地社区和公民可以通过 Qlue 应用程序提交报告，Qlue 应用程序是 2014 年在雅加达实施的智能城市参与系统应用程序。雅加达政府还支持 e-Musrenbang 系统，这是他们早期发展规划大会（Musyawarah Perencanaan Pembangunan）的在线版本，允许社区向政府表达他们的投诉和建议，并允许他们参与决策。

用户体验对门户的创建者具有重要价值，因此在软件中安装了警报，以跟踪和学习公众如何与之交互。到目前为止，这种对用户友好的强调在一年内带来了超过 100 万的观看次数，其中近 70% 的使用发生在移动设备上，这在雅加达非常普遍。经常使用的数据集被叠加在地图上，以便于数据解析。门户网站上大量使用的服务的一个例子是一组在线公共闭路电视源，它在雅加达发生大型活动时会遇到高流量。新的门户系统还整合了所有公众投诉处理，并将处理时间平均缩短至 9 小时，完成率为 88%。

资料来源：https://smartcity.jakarta.go.id/.

年均增速为 35.7%，实现五年翻 3.4 倍。

　　土耳其的伊斯坦布尔在数字化转型速度排名中位列第 5，其生活数字化综合排名第 4，治理数字化综合排名第 5。伊斯坦布尔在生活数字化领域中的"线上购物人数占比"指标上表现优异，年均增速排名第 1，从 2016 年的 37.77% 到 2020 年的 78.08%，年均增速达 19.9%，实现五年占比翻番。伊斯坦布尔在治理数字化领域的"在线服务"指标上也表现突出，年均增速排名第 2，从 2016 年的 0.61 分到 2020 年的 0.89 分，年均增速为 10.1%。

　　印度的三个城市在"电子商务""通信、计算机和其他电子设备的货物贸易占比"和"社交媒体渗透率"等指标上都表现优异。在经济数字化领域，孟买的"电子商务"增速排名第 1，从 2016 年的 44.52 分到 2020 年的 58.50 分，年均增速为 7.1%；"通信、计算机和其他电子设备的货物贸易占比"增速排名第 3，从 2016 年的 5.49% 到 2020 年的 6.92%，年均增速为 6%。在生活数字化领域，孟买的"社交媒体渗透率"增速排名第 1，从 2016 年的 13.26% 到 2020 年的 32.78%，年均增速达 25.4%。在治理数字化领域，孟买的"据放开数"排名第 5，由 2016 年的 0.43 分到 2020 年的 0.5 分，年均增速为 3.8%。在上述几个指标上，新德里和班加罗尔的也表现出色，名列前茅。

　　新加坡无特别拔尖指标，除生活数字化领域外，其余三个领域表现均中间偏上。其中，新加坡的"ICT 投资的 GDP 占比"年均增速排名第 6，从 2016 年的 2.35%% 到 2020 年的 3.21%，年均增速为 8.15%；"线上购物人口占比"增速排名第 6，从 2016 年的 60.67% 到 2020 年的 80.50%，年均增速为 7.3%。

　　南非的约翰内斯堡在治理数字化转型速度上表现尚可，其"数据开放"排名第 3，从 2016 年的 0.34 分到 2020 年的 0.48 分，年均增速为 9%。此外，约翰内斯堡的"通信、计算机和信息服务的服务贸易占比"排名第 3，从 2016 年的 2.38% 到 2020 年的 3.94%，年均增速为 13.4%；"社交媒体渗透率"排名第 5，从 2016 年的 13.07% 到 2020 年的 19.27%，年均增速为 10.2%。

3.4.3　中速转型城市（24 座）

　　中速转型城市有 24 个，各指标的具体转型速度和排名如表 3.12 所示。中速转型城市没有超快速转型城市和快速转型城市表现亮眼，虽然在部分维度和指标上表现突出，但同时因为存在短板而影响数字化转型速度。

表 3.12　中速转型城市指标速度与排名

测度指标	都柏林 速度（%）	都柏林 排名	圣保罗 速度（%）	圣保罗 排名	华沙 速度（%）	华沙 排名	曼谷 速度（%）	曼谷 排名	悉尼 速度（%）	悉尼 排名	迪拜 速度（%）	迪拜 排名
网速	22.7	36	64.5	16	42.6	22	70.7	13	72.3	11	91.1	4
手机渗透率	0.3	18	−6.8	39	0.4	17	−0.7	22	22.6	1	−4.4	37
隐私保护度	9.3	9	4.1	26	11.5	6	−1.2	35	9.3	9	15.3	1
易受攻击的计算机占比	4	2	−0.9	31	0.3	24	2.9	10	3	9	2.3	12
所属 QS 世界大学计算机 & IT 专业实力	0	13	0	13	0	13	0	13	−21.2	37	0	13
ICT 投资的 GDP 占比	2.1	17	27.6	2	0.8	20	2.9	15	−1	29	7.7	7
大型信息服企业市值	22.4	11	0	16	0	16	−3.7	30	0	16	0	16
大型计算机、通信和其他电子设备制造企业市值	9.7	7	0	9	0	9	0	9	0	9	0	9
工业机器人密度	12.2	7	−2.7	37	7.3	16	9.5	9	25.9	4	4.8	23
金融科技	−18.4	34	6	6	−19.3	36	−20.7	38	1.1	11	−13.9	22
电子商务	2.8	9	−3.2	37	1	15	3.5	7	0.3	17	−2.8	36
计算机、通信和其他电子设备贸易占货物贸易比重	5	6	−0.6	19	−2.9	31	−2.9	32	−2.2	26	33.3	1
信息服务贸易占服务贸易比重	8.9	6	11.8	4	5.7	9	4.3	12	5.4	10	1.7	19
在线学习人数在 16—74 岁人群中占比	36.3	1	14.3	36	15.7	35	18.8	27	19.6	22	16.5	32
线上购物人口占比	2.4	20	5.7	10	1.2	29	1.8	24	7.5	4	1.1	30
社交媒体渗透率	8.6	14	4.8	25	16	6	4.1	29	5.8	18	−0.7	39
通过 LinkedIn 求职的人数	0	32	29.3	8	33.3	3	31.6	7	9.1	26	25	13
数据开放	2.6	16	2.5	18	4.1	8	5.7	7	1.5	26	0.9	31
在线服务	3.5	16	5.2	10	5.7	7	9.4	3	−0.4	24	−0.5	27
电子参与	6.7	6	2.7	20	2.9	19	6.7	5	0	28	5.2	9

测度指标	旧金山		芝加哥		墨尔本		多伦多		东京		斯德哥尔摩	
	速度（%）	排名	速度（%）	排名	速度（%）	排名	速度（%）	排名	速度（%）	排名	速度（%）	排名
网速	73.1	7	73.1	7	72.3	11	81.9	6	41.9	23	30.9	32
手机渗透率	0.9	14	0.6	16	21.9	2	3.4	5	1	12	−1.1	27
隐私保护度	5.7	22	5.7	22	9.3	9	9.3	9	6.7	20	4.1	26
易受攻击的计算机占比	2.2	13	1.4	17	3	8	1.3	19	−1.5	34	0.1	26
所属 QS 世界大学计算机 & IT 专业实力	0	13	100	1	−1.7	34	0.7	8	−0.6	32	100	1
ICT 投资的 GDP 占比	0.8	19	0.5	21	−1.6	35	−1.2	32	−2	37	−0.9	28
大型信息服企业市值	106.2	4	0	16	24.9	9	48.5	8	−4.8	31	0	16
大型计算机、通信和其他电子设备制造企业市值	0	9	0	9	0	9	0	9	140.2	3	0	9
工业机器人密度	9	11	8.6	12	25.2	5	5.4	21	5.5	19	20	6
金融科技	13.7	1	−7.2	16	6.6	4	−12.3	21	−4	15	6.3	5
电子商务	2	11	1.6	12	−0.3	24	0.1	19	−2.4	34	−1.5	30
计算机、通信和其他电子设备贸易占货物贸易比重	−1.5	22	−1.8	24	−2.8	29	−0.2	16	−2.3	27	−3.5	34
信息服务贸易占服务贸易比重	1.8	18	1.5	21	4.8	11	2.7	15	7.7	7	−0.7	30
在线学习人数在 16—74 岁人群中占比	25	6	24.6	7	18.9	26	24.3	8	13.9	37	29.7	2
线上购物人口占比	3.5	19	4.5	15	5.3	12	8.7	3	5.8	7	−0.8	34
社交媒体渗透率	3.3	31	3	32	2.4	33	8.2	15	8.7	12	4.8	27
通过 LinkedIn 求职的人数	7.8	28	7.8	28	9.1	26	12.5	22	0	32	33.3	3
数据开放	0.9	32	0.9	32	1.5	26	1.4	29	1.6	23	−0.7	39
在线服务	1.6	18	1.3	20	−1	30	−2.8	37	−0.3	23	0.3	21
电子参与	3.9	16	3.5	17	−0.6	30	1.1	25	−0.8	31	1.5	23

测度指标	首尔		纽约		吉隆坡		哥本哈根		慕尼黑		台北	
	速度（%）	排名	速度（%）	排名	速度（%）	排名	速度（%）	排名	速度（%）	排名	速度（%）	排名
网速	97.1	3	73.1	7	64.5	17	40.2	25	46.9	19	25.4	34
手机渗透率	0.7	15	−0.9	25	−2.6	34	−0.9	26	−0.9	23	−1.8	32
隐私保护度	13.6	2	5.7	22	8.1	19	9.3	9	13.6	2	2.7	29
易受攻击的计算机占比	3.1	5	1.2	21	14.4	1	1.3	18	3.1	6	1.7	16
所属 QS 世界大学计算机 & IT 专业实力	−0.8	33	−12	36	0	13	0	13	0.4	10	−100	38
ICT 投资的 GDP 占比	−2.2	39	−1	30	3.5	13	−0.7	27	−1.3	34	−0.5	25
大型信息服企业市值	112.2	3	60.5	6	−1.4	29	0	16	−100	37	5.4	14
大型计算机、通信和其他电子设备制造企业市值	0	9	0	9	0	9	0	9	−15.3	39	197.1	1
工业机器人密度	10.3	8	7	17	0.4	36	−41.6	39	3.9	27	9.4	10
金融科技	−8	17	13.5	2	−16.1	28	−14	23	−16.3	29	−14	25
电子商务	−1.3	29	0.1	18	2.1	10	−0.3	23	−0.4	25	−0.9	28
计算机、通信和其他电子设备贸易占货物贸易比重	3	9	−3.3	33	1.5	11	−1.1	21	−0.2	17	3.7	7
信息服务贸易占服务贸易比重	2.3	16	0	26	−2.5	33	1.1	23	1.7	20	9.3	5
在线学习人数在 16—74 岁人群中占比	19	25	22.7	13	19.4	24	29.6	3	23.6	11	19.6	23
线上购物人口占比	−3.2	38	5.7	9	1.5	28	2.3	22	−1.2	35	−2.7	37
社交媒体渗透率	1.9	34	1.5	36	5.4	23	5.7	21	17	4	1.1	38
通过 LinkedIn 求职的人数	0	32	7.8	28	20	19	0	32	21.4	15	0	32
数据开放	2.7	14	0.9	32	1.7	20	−0.4	38	1.7	20	1.6	23
在线服务	1.6	19	−0.2	22	4.9	11	5.6	8	−4	38	4.8	13
电子参与	1	26	2	21	6.5	7	4.2	15	−1.1	34	4.9	11

测度指标	巴黎		米兰		莫斯科		墨西哥城		洛杉矶		马德里	
	速度（%）	排名	速度（%）	排名	速度（%）	排名	速度（%）	排名	速度（%）	排名	速度（%）	排名
网速	46	21	38.8	26	25	35	47.9	18	73.1	7	38.2	30
手机渗透率	−1.8	31	−0.9	24	−3.5	35	−0.3	19	−1.2	29	−0.4	20
隐私保护度	9.3	9	13.6	2	3.2	28	2.7	29	5.7	22	9.3	9
易受攻击的计算机占比	3.8	4	0.3	25	0.4	23	0	27	2	15	1.2	20
所属 QS 世界大学计算机 & IT 专业实力	100	1	0.3	12	−100	38	0	13	−5.2	35	0	13
ICT 投资的 GDP 占比	0	23	0.2	22	−0.5	24	28.5	1	−1.2	33	3.4	14
大型信息服企业市值	15.5	12	0	16	69.7	5	−20.6	34	0	16	−51.6	35
大型计算机、通信和其他电子设备制造企业市值	0	9	0	9	0	9	0	9	0	9	0	9
工业机器人密度	7.6	15	3.7	29	4	26	8.3	13	6.7	18	4.6	24
金融科技	−14	24	−17.4	31	1.6	9	−18.4	35	−0.6	13	−15.5	27
电子商务	−2.3	33	1	14	1.6	13	−6.7	39	−0.1	22	−1.8	31
计算机、通信和其他电子设备贸易占货物贸易比重	−4.3	37	−1.9	25	0.1	14	−3.7	36	−3.5	35	0.5	13
信息服务贸易占服务贸易比重	−2	32	−3.8	35	−3.8	36	−9.1	38	−0.3	27	2.9	14
在线学习人数在 16—74 岁人群中占比	28.6	4	25.6	5	16.1	34	19.8	21	22.4	14	22.2	15
线上购物人口占比	−0.4	32	2.3	21	−0.7	33	11.8	2	4.1	16	5.6	11
社交媒体渗透率	5.5	22	5.7	19	14.2	7	4.8	28	1.2	37	8.7	11
通过 LinkedIn 求职的人数	21.1	18	15.4	21	33.3	3	21.4	15	7.8	28	16.7	20
数据开放	1.4	28	3.8	12	2.9	13	2.3	19	0.9	32	1.7	22
在线服务	−1.2	31	−2.3	34	2.1	17	−2.7	35	−0.4	26	−2.1	33
电子参与	−2.1	36	−3.8	38	3.2	18	−3.7	37	1.7	22	−3.8	39

资料来源：作者测算编制。

中速转型城市中有 5 个城市有指标排名第 1，同时在其他指标上也不乏排名靠前的。都柏林的"在线学习人数在 16—74 岁人群中占比"增速排名第 1，从 2016 年的 3.44% 到 2020 年的 11.85%，年均增速达 36.3%，五年翻 3.45 倍；"易受攻击的计算机占比"排名第 2；"大型计算机、通信和其他电子设备制造企业市值"排名第 4，从 2016 年的 90.1 亿美元到 2020 年的 130.4 亿美元，年均增速为 9.7%。迪拜在基础设施数字化转型维度上表现突出，增速排名第 4。迪拜的"网速"排名第 4，从 2016 年的 13.3 Mbps 到 2020 年的 177.5 Mbps，年均增速高达 91.1%，实现五年翻 13.35 倍；"隐私保护度"年均增速排名第 1，从 2016 年的 42.5 分到 2020 年的 75 分，年均增速高达 15.3%。在经济数字化转型领域，迪拜的"通信、计算机和其他电子设备的货物贸易占比"年均增速排名第 1，从 2016 年的 2.11% 到 2020 年的 6.67%，年均增速达 33.3%，五年翻 3.15 倍。旧金山在经济数字化转型维度上位列第 5，其"金融科技"增速排名第 1，从 2016 年的 80.14 分到 2020 年的 133.75 分，年均增速为 13.7%；"大型信息服企业市值"增速排名第 4，从 2016 年的 187.5 亿美元到 2020 年的 3 390 亿美元，年均增速达 106.2%，实现五年市值翻 18 倍。吉隆坡的"易受攻击的计算机占比"排名第 1；其在"电子参与"指标上表现出色，排名第 4，从 2016 年的 0.43 分到 2020 年的 0.55 分，年均增速为 6.5%。台北在经济数字化领域表现良好，其"大型计算机、通信和其他电子设备制造企业市值"增速排名第 1，从 2016 年的 3.7 亿美元到 2020 年的 287.2 亿美元，年均增速达 197.1%；"信息服务贸易占服务贸易占比"排名第 5，从 2016 年的 5.37% 到 2020 年的 7.67%，年均增速为 9.3%。

中速转型城市中有 8 个城市在 2—4 个指标上表现较好。圣保罗的优势集中在基础设施数字化和经济数字化领域，其"ICT 投资的 GDP 占比"年均增速排名第 2，从 2016 年的 2.45% 到 2020 年的 6.5%，年均增速达 27.6%；"信息服务贸易占服务贸易比重"排名第 4，从 2016 年的 4.04% 到 2020 年的 6.31%，年均增速为 11.8%，实现五年翻 1.56 倍。曼谷在治理数字化领域表现抢眼，其"在线服务"增速排名第 3，从 2016 年的 0.37 分到 2020 年的 0.53 分，年均增速达 9.4%；"电子参与"增速排名第 3，从 2016 年的 0.40 分到 2020 年的 0.52 分，年均增速为 6.7%。悉尼在基础设施数字化维度上排名第 5，其"易受攻击的计算机占比"排名第 5；"工业机器人密度"增速排名第 4，从 2016 年每万职工 84.56 个到 2020 年每万职工 212.66 个，年均增速达 25.2%，实现五年翻 2.51 倍。墨尔本在基础设施数字化维度上排名第 3，在经济数字化领域也表现优异，其"工业机器人密度"排名第 5，从 2016 年每万职工 75.52 个到 2020 年每万职工 185.41 个，年均增速达 25.2%，五年翻 2.45 倍；"金融科技"排名第 4，从 2016 年的 11.73 分上升到 2020 年的 15.12 分，年均增速为 6.6%。多伦多的"线上购物人口占比"增速排名第 3，从 2016 年的 63.29% 上升到 2020 年的 88.19%，年均增速为 8.7%；"手机渗透率"排名第 5，从 2016 年的 102.67% 增加到 2020 年的 117.43%，年均增速为 3.4%。斯德哥尔摩在生活数字化领域表现优异，其"在线学习人数在 16—74 岁人群中占比"增速排名第 2，从 2016 年的 5.95% 到 2020 年的 16.82%，年均增速达 29.7%，五 5 年翻 2.83 倍；"通过 LinkedIn 求职的人数"增速排名第 4，年均增速达 33.3%，实现五年翻 3.16 倍；此外，斯德哥尔摩的"金融科技"增速排名第 5，从 2016 年的 11.33 分到 2020 年的 14.49 分，年均增速为 6.3%。首尔在基础设施数字化领域表现不错，其"网速"增速排名第 3，从 2016 年的 11.2 Mbps 到 2020 年的 169 Mbps，年均增速高达 97.1%，实现五年翻 15 倍；"隐私保护度"排名第 5，年均增速为 13.6%；"易受攻击的计算机占比"排名第 3。同时，首尔的"大型信息服企业市值"增速排名第 3，从 2016 年的 13.7 亿美元到 2020 年的 277.9 亿美元，年均增速达 112.2%，实现五年翻 20 倍。莫斯科的"通过 LinkedIn 求职的人数"增速排名第 5，年均增速为 33.3%；"社交媒体渗透率"排名第 4，从 2016 年的 34.13% 到 2020 年的 57.97%，年均增速为 14.2%；"大型信息服企业市值"排名第 5，从 2016 年的 2.3 亿美元到 2020 年的 18.9 亿美元，年均增速达 69.7%，实现五年市值翻 8.29 倍。

中速转型城市中有 7 个城市在单个指标上表现较好。东京在经济数字化维度上排名第 4，其"大型计算机、通信和其他电子设备制造企业市值"增速排名第 2，从 2016 年的 44.8 亿美元到 2020 年的 149.0 亿美元，年均增速达 140.2%，实现五年市值翻 33 倍。纽约的"金融科技"增速排名第 2，从 2016 年的 36.89 分到 2020 年的 61.32 分，年均增速为 13.5%。哥本哈根的"在线学习人数在 16—74 岁人群中占比"增速排名第 3，从 2016 年的 3.92% 到 2020 年的 11.04%，年均增速达 29.6%。慕尼黑的"隐私保护度"排名第 2，年均增速为 13.6%。巴黎的"在线学习人数在 16—74 岁人群中占比"增速排名第 4，从 2016 年的 6.43% 到 2020 年的 17.60%，年均增速为 28.6%。米兰的"在线学习人数在 16—74 岁人群中占比"增速排名第 5，从 2016 年的 5.09% 到 2020 年的 12.65%，年均增速为 25.6%。墨西哥城的"线上购物人口占比"增速排名第 2，从由 2016 年的 34.41% 到 2020 年的 53.69%，年均增速为 11.8%。

华沙、马德里、洛杉矶和芝加哥等城市在各维度和指标上表现均不抢眼，发展速度较为平庸。

3.4.4 慢速转型城市（5座）

慢速转型城市有 5 个，即法兰克福、大阪、布鲁塞尔、阿姆斯特丹和伦敦，它们在各指标上的转型速度和排名如表 3.13 所示。

法兰克福在基础设施数字化领域有指标表现不错，其"隐私保护度"排名第3，"易受攻击的计算机占比"排名第4。在生活数字化领域，法兰克福的"社交媒体渗透率"排名第3，从 2016 年的 20.03% 上升到 2020 年的 36.85%，年均增速达 16.5%。

大阪的"大型计算机、通信和其他电子设备制造企业市值"指标表现突出，但是在生活数字化维度上表现尤为不佳，其"在线学习人数在 16—74 岁人群中占比"和"线上购物人口占比"指标阻碍整体数字化转型速度。大阪的"在线学习人数在 16—74 岁人群中占比"从 2016 年的 7.83% 到 2020 年的 13.14%，年均增速仅为 13.8%；"线上购物人口占比"从 2016 年 86.47% 下降到 2020 年的 72.63%，年均降速达 4.3%。

布鲁塞尔的"通过 LinkedIn 求职的人数"增速排名第3，年均增长率达 33.33%，五年翻 3.16 倍；"线上购物人口占比"增速排名第5，从 2016 年的 36.14% 到 2020 年的 48.13%，年均增速为 7.4%。但其"手机渗透率""网速"和"大型信息服企业市值"等指标严重影响整体数字化转型速度。布鲁塞尔的"手机渗透率"从 2016 年的 77.41% 下降到 2020 年的 59.84%，年均降速达 6.2%；"网速"年均增速为 13.6%，较其他城市低很多，2020 年其网速才 63.2 Mbps。

阿姆斯特丹的"大型信息服企业市值"指标表现突出，排名第2，从 2016 年的 11.3 亿美元到 2020 年的 322.9 亿美元，年均增速达 132%，实现五年翻 24.8 倍。但其"通信、计算机和信息服务的服务贸易占比"年均降速为 0.6%，从 2016 年的 8.41% 下降到 2020 年的 8.21%；"通过 LinkedIn 求职的人数"年均降速达 37.5%。

伦敦因前期数字化发展水平高，故转型空间较小，数字化转型速度较慢。其"金融科技"表现尚出色，排名第3，从 2016 年的 54.89 分到 2020 年的 76.07 分，年均增速为 8.5%。但伦敦"手机渗透率"从 2016 年的 148.06% 下降到

表 3.13　慢速转型城市指标速度与排名

测度指标	法兰克福		大阪		布鲁塞尔		阿姆斯特丹		伦敦	
	速度（%）	排名	速度（%）	排名	速度（%）	排名	速度（%）	排名	速度（%）	排名
网速	46.9	19	41.9	23	13.6	38	19.2	37	25.7	33
手机渗透率	−1.3	30	0.9	13	−6.2	38	−1.1	28	−3.5	36
隐私保护度	13.6	2	6.7	20	0.0	31	0.0	31	9.3	9
易受攻击的计算机占比	3.1	6	−0.8	30	−0.4	29	2.1	14	4.0	2
所属 QS 世界大学计算机 & IT 专业实力	0.0	13	0.0	13	0.0	13	100.0	1	0.4	11
ICT 投资的 GDP 占比	−1.7	36	−2.1	38	−0.7	26	1.7	18	2.2	16
大型信息服企业市值	0.0	16	−100.0	37	−100.0	37	132.0	2	−51.7	36
大型计算机、通信和其他电子设备制造企业市值	0.0	9	100.0	4	0.0	9	0.0	9	0.0	9
工业机器人密度	3.5	30	5.4	20	3.7	28	7.7	14	4.4	25
金融科技	−17.6	32	−14.0	25	−17.7	33	3.9	7	8.5	3
电子商务	−0.8	27	−2.5	35	−1.8	32	−0.4	26	−0.1	21
计算机、通信和其他电子设备贸易占货物贸易比重	−0.7	20	−2.4	28	1.5	12	−0.6	18	−1.7	23
信息服务贸易占服务贸易比重	1.2	22	7.6	8	2.3	17	−10.0	39	−5.8	37
在线学习人数在 16—74 岁人群中占比	23.0	12	13.8	38	17.8	29	16.8	31	5.5	39
线上购物人口占比	−1.6	36	−4.3	39	7.4	5	4.0	17	5.3	14
社交媒体渗透率	16.5	5	8.6	13	10.0	10	7.5	16	4.8	26
通过 LinkedIn 求职的人数	21.4	15	0.0	32	33.3	3	−37.5	39	10.7	25
数据开放	0.7	36	1.6	23	2.7	14	1.0	30	0.0	37
在线服务	−8.5	39	−0.4	25	−2.7	36	−1.0	29	−1.3	32
电子参与	−1.6	35	−0.9	33	−0.5	29	0.0	27	−0.9	32

资料来源：作者测算编制。

2020 年的 128.40%，年均降速为 3.5%；"通信、计算机和信息服务的服务贸易占比"从 2016 年的 8.38% 下降到 2020 年的 7.83%，年均降速为 1.7%；"易受攻击的计算机占比"从 2016 年的 71.39% 上涨到 2020 年的 83.4%，年均增速为 4%，网络环境愈发不安全；"在线学习人数在 16—74 岁人群中占比"从 2016 年的 15.73% 上涨到 2020 年的 19.46%，年均增速仅为 5.5%，在所有城市中表现较差。

3.5 主要结论

1. 在数字化转型速度方面，发展中国家城市整体领跑于发达国家城市。这与发达国家之前的数字化发达程度有关，发达国家近几年已经到了一个缓速发展的阶段，而发展中国家综合实力不断增强，数字化转型方面也进入了高速发展的追赶阶段。

2. 亚洲城市的数字化转型速度整体领跑于其他地区城市。一方面这与亚洲城市人口众多、经济规模不断增大有关；另一方面也与亚洲城市数字化转型多为政府主导型推动有关，实施力度较强。

3. 基础设施数字化转型速度前十强有一半是发展中国家城市，且同一国家内部的不同全球城市对基础设施的发展均很看重，转型速度相差不大。亚洲城市在基础设施方面也有较好的转型速度表现，但在细分领域中的隐私保护和数字人才培养方面，欧美城市较亚洲城市有更快的提升。

4. 在经济数字化转型速度方面，亚洲城市表现较好，尤其是中国城市。但从日本、美国的城市位次分布来看，同一经济体内的不同城市的经济数字化发展速度具有极不平衡的特征。发展中国家在经济数字化转型速度方面整体有较好的表现，但在金融数字化细分领域，发达经济体表现较优。

5. 在生活数字化转型速度方面，亚洲城市也表现突出。但在教育数字化细分领域，欧美发达经济体城市不仅具有较高的在线学习水平，而且具有较快的提升速度；在购物数字化细分领域，欧美城市也呈现出较快的追赶速度。

6. 在治理数字化转型速度方面，亚洲城市有较好的表现。这与近年来亚洲经济与科技开放度不断提升，城市开放度不断提高有关。亚洲各城市的政府有意不断提升治理的数字化，从而实现了较快的提升速度。

4

城市数字化转型与
创新能力和全球连
通性的相关性分析

4.1 转型绩效与城市创新能力和全球连通性的相关性分析

4.1.1 转型绩效与城市创新能力的相关性分析

对城市创新能力与数字化转型绩效展开分析。通过一元回归分析发现，全球城市创新能力 [1] 与其数字化转型绩效的相关性显著。回归系数（Coefficients）为 2.710 7，截距（Intercept）为 −90.665 4，系数的 t 统计量为 8.56，显著性强，R^2 为 0.664 4，表明城市创新能力对城市数字化转型绩效有很强的解释能力，调整后的 R^2 为 0.655 4（表 4.1）。

按照数字化转型绩效高低和创新能力高低，将全部 39 个样本划分为四个象限，得到高创新能力—高转型绩效、高创新能力—低转型绩效、低创新能力—高转型绩效、低创新能力—低转型绩效四类城市（图 4.1）。

城市数字化转型绩效和其创新能力存在较为显著的相关关系并不令人奇怪。首先，城市数字化转型依赖于大数据、云计算、物联网等各类数字技术，而这些技术都是当前的前沿技术，本身就是城市创新实力的重要表征。可以说，创新能力较强的城市，其数字技术和应用必然走在前列，自然也意味着更高的数字化转型绩效得分。其次，数字技术和诸多传统业态相结合，催生出各类新模式、新业态，既是城市创新能力的重要体现，也是城市数字化转型的重要体现。另外，从四个维度的具体分析来看，创新能力较强的城市，其前沿产业实力必然更加雄厚，而当前数字领域即是最前沿的产业之一，也就意味着其经济数字化转型实力更强。生活数字化领域，创新能力较强的城市，通过创新成果本地转化，将显著改变市民的生活方式。基础设施数字化和治理数字化领域，创新能力较强的城

表 4.1
全球城市创新能力与数字化转型绩效的一元回归分析

X	Intercept	Coefficients	t	P 值	R^2	Adj-R^2
创新能力	−90.665 4	2.710 7	8.56	<0.000 1	0.664 4	0.655 4

资料来源：作者测算编制。

---

[1] 数据来源：2thinknow Innovation Cities Index 2021:www.innovation-cities.com.

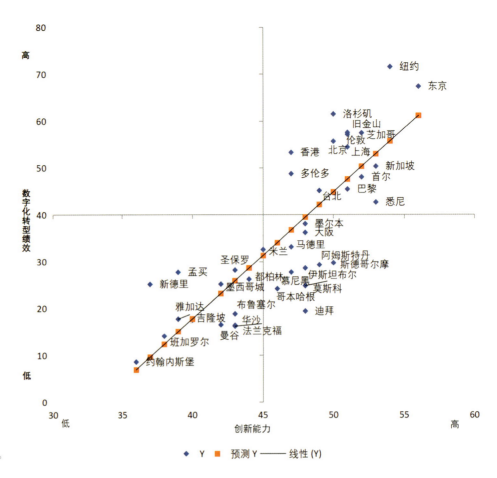

图 4.1
**全球城市创新能力与数字化
转型绩效的相关性分析**

资料来源：作者根据研究数据绘制。

市，政府往往需要通过加强人才、资本等资源要素保障，以及采用更加包容共享
的态度，来营造支撑创新的生态环境，这也意味着更加数字化的基础设施、更自
由的数据开放度、更高效的在线服务和更广泛的参与。

4.1.2　转型绩效与城市全球连通性的相关性分析

对城市全球连通性与数字化转型绩效展开分析。通过一元回归分析发现，全
球连通性[①]与其数字化转型绩效的相关性同样显著。回归系数（Coefficients）为
0.918 2，截距（Intercept）为 17.545 0，系数的 t 统计量为 4.92，显著性强，R^2
为 0.395 8，表明城市创新能力对城市数字化转型绩效有较强的解释能力，调整后
的 R^2 为 0.379 5。

---

① 数据来源：全球城市发展指数课题组，《2020 年全球城市发展指数》，《全球城市研究（中英文）》2021 年第 2 期。

表 4.2
城市全球连通性与数字化转型绩效的一元回归分析

资料来源：作者测算编制。

X	Intercept	Coefficients	t	P 值	R^2	Adj-R^2
全球连通性	17.545 0	0.918 2	4.92	<0.000 1	0.395 8	0.379 5

按照数字化转型绩效高低和全球连通性强弱，将全部 39 个样本划分为四个象限，得到强全球连通性—高转型绩效、强全球连通性—低转型绩效、弱全球连通性—高转型绩效、弱全球连通性—低转型绩效四类城市（图 4.2）。

城市数字化转型绩效和其全球连通性存在较为显著的相关关系。首先，全球连通性较强的城市处于全球资源要素流动网络的枢纽地位，是数据交换的核心场所，内生要求基础设施数字化转型和治理的数字化转型，用以承载各类线上交流和数据传输。同时，全球连通性较强的城市都是全球较为发达的城市，这些城市也必然将数字产业这样的前沿产业作为布局的重点。另外，全球连通性较强的城市，居民收入较高，消费能力较强，线上购物、在线医疗、在线教育等新模式更容易被广泛接受，意味着城市拥有更高的生活数字化转型绩效得分。

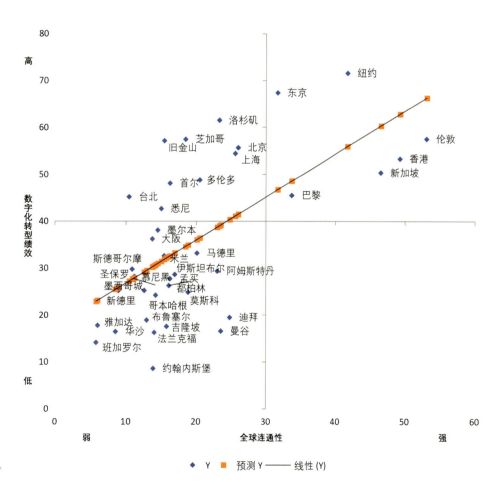

图 4.2
城市全球连通性与数字化转型绩效的相关性分析

资料来源：作者根据研究数据绘制。

4.2 转型速度与城市创新能力和全球连通性的相关性分析

4.2.1 转型速度与城市创新能力的相关性分析

城市创新能力是推动城市数字化转型的重要动力之一。采用 2thinknow 公布的 2020 年全球城市创新指数[1] 数据作为创新能力数据，对数字化转型速度进行相关性分析。通过一元回归分析发现，城市创新能力与其数字化转型速度的相关性较弱。回归系数（Coefficients）为 −0.199，截距（Intercept）为 46.940，F 值为 0.998，P 值为 0.324，R^2 为 0.026，调整后的 R^2 为 −0.000（表 4.3）。

按照数字化转型速度高低和创新能力高低，将全部 39 个样本划分为四个象限，得到高创新能力—高转型速度、高创新能力—低转型速度、低创新能力—高转型速度、低创新能力—低转型速度四类城市（图 4.3）。其一，以高创新能力—高转型速度为特征的城市共有 5 个，占总体数量的 13%。其中香港、北京、上海 3 个城市的表现尤为突出，这 3 个城市的创新能力在全球位居前列，数字化转型速度位列全球前 3。以上海为例，上海作为一个超大型城市一直定位于"创新发展先行者"，自 20 世纪 80 年代以来大力发展城市的信息化，推动城市的技术创新、服务创新、管理创新，以创新为动力基础，推动城市的数字化转型。其二，以高创新能力—低转型速度为特征的城市共有 21 个，占总体数量的 54%，是四大类型中城市数量最多的一组，如伦敦、纽约、东京、大阪、首尔均属于这一类型。其中，伦敦的创新能力位列第 7，但数字化转型速度慢，得分仅为 26.8 分，位列倒数第 1；纽约的创新能力位列第 2，但数字化转型速度仅位列第 19。从具体指标上来看，伦敦和纽约在经济数字化转型速度上表现较好，但在生活数字化转型与治理数字化转型速度上表现不佳，这是导致其整体数字化转型速度排名靠后的主要原因。其三，以

表 4.3
全球城市创新能力与数字化转型速度的一元回归分析

X	Intercept	Coefficients	F	P	R^2	Adj-R^2
创新能力	46.940	−0.199	0.998	0.324	0.026	−0.000

资料来源：作者测算编制。

---

[1] 2thinknow Innovation Cities Index 2021: www. Innovation-cities. com.

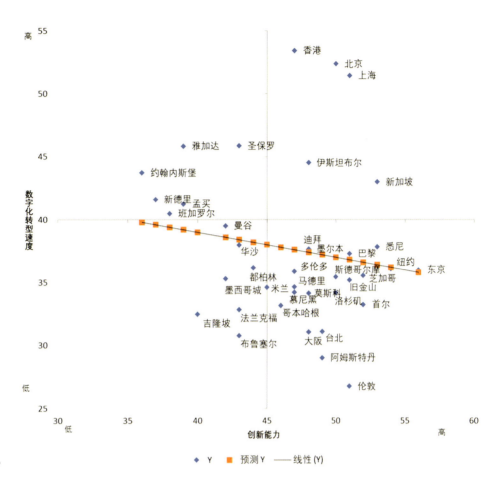

图4.3
城市创新能力与数字化转型速度的相关性分析

资料来源：作者根据研究数据绘制。

低创新能力—高转型速度为特征的城市共有6个，占总体数量的15%。主要代表城市有约翰内斯堡、雅加达、圣保罗等，这3个城市在治理数字化转型速度上表现突出，位列前10。其四，以低创新能力—低转型速度为特征的城市有7个，占总体数量的18%。主要代表城市有吉隆坡、法兰克福、布鲁塞尔等。

4.2.2 转型速度与城市全球连通性的相关性分析

对城市全球连通性与数字化转型速度展开分析。通过一元回归分析发现，城市全球连通性[①]与其数字化转型速度的相关性较弱。回归系数（Coefficients）为0.064，截距（Intercept）为36.386，F值为0.539，P值为0.467，R^2为0.014，调整后R^2为-0.012（表4.4）。

---

① 数据来源：全球城市发展指数课题组，《2020年全球城市发展指数》，《全球城市研究（中英文）》2021年第2期。

表 4.4
城市全球连通性与数字化转型速度的一元回归分析

资料来源：作者测算编制。

X	Intercept	Coefficients	F	P	R^2	Adj-R^2
要素流量	36.386	0.064	0.539	0.467	0.014	-0.012

　　按照数字化转型速度高低和全球连通性强弱，将全部 39 个样本划分为四个象限，得到强全球连通性—高转型速度、强全球连通性—低转型速度、弱全球连通性—高转型速度、弱全球连通性—低转型速度四类城市（图 4.4）。其一，以强全球连通性—高转型速度为特征的城市共有 2 个，即香港和新加坡，占总体数量的 5%。香港是这一类型城市的代表，其全球连通性指数位列第 2，数字化转型速度位列第 1。香港在贸易流、资本流、人员流、信息流 4 项要素流量上的排名均位于前列，综合实力强。同时，香港在基础设施数字化、经济数字化和生活数字化转型速度上均表现优异。其二，以强全球连通性—低转型速度为特征的城市共有 4 个，即伦敦、纽约、东京和巴黎，占总体数量的 10%。其中，伦敦在全球连通性和数字化转型速度上的差异最大，其全球连通性位列第 1，数字化转型

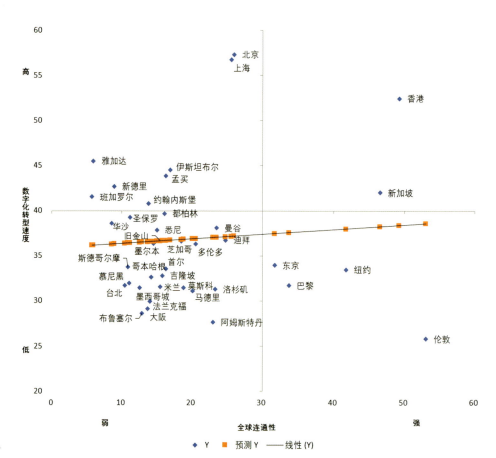

图 4.4
全球城市数字化转型速度与全球连通性的相关性分析

资料来源：作者根据研究数据绘制。

速度则位列倒数第 1。其三，以弱全球连通性—高转型速度为特征的城市共有 9 个，占总体数量的 23%，代表城市有雅加达、圣保罗、约翰内斯堡等，它们主要得益于治理数字化转型速度上的优异表现。北京、上海也属于这一类型。北京和上海作为准全面型城市，其全球连通性不及伦敦、纽约、新加坡等全面型城市，但总体而言各要素流的参与程度较为均衡，在全球城市中位于中上游。其四，以弱全球连通性—低转型速度为特征的城市有 24 个，占总体城市数量的半数以上（62%），例如台北、布鲁塞尔、大阪、首尔均属于这一类型。这一类型的城市大都在某一领域的数字化转型速度上表现不佳，导致转型速度总体排名靠后，同时在全球连通性上也多处于中下游的位置。

4.3 主要结论

1. 绩效视角下，城市数字化转型指数与创新能力的相关性显著，且相关性强。原因在于当前城市创新能力的重要表现在于对数字技术的开发和应用。数字技术深刻改变城市的经济形态和市民生活方式，同时推动城市基础设施和治理方式的数字化转型。

2. 绩效视角下，城市数字化转型指数与全球连通性的相关性显著，且相关性较强。原因在于全球连通性代表城市在全球资源要素流动网络的地位，而数据正日益成为至关重要的资源要素。同时，全球连通性可以部分代表城市的发展阶段，自然也与经济和生活数字化转型高度相关。

3. 速度视角下，城市数字化转型指数与创新能力相关性不显著。原因在于城市数字化转型速度较快未必完全是由创新能力推动，部分城市起点较低，基础较为薄弱（如圣保罗等），若以相同的力度进行数字化转型，这些城市将效果更加显著。而部分城市如北京、上海等转型速度较快，一方面得益于巨大的城市规模优势，使得数字化场景应用频繁；另一方面，政府的积极作为和有力推动也是重要因素。

4. 速度视角下，城市数字化转型速度与全球连通性的相关性不显著。主要还是转型起步较低的城市转型速度普遍较快，对于全球连通性并不敏感。

5

数字化转型绩效和
速度前十强城市画像

5.1 数字化转型绩效前十强城市画像

5.1.1 纽约

1. 纽约数字化转型绩效的全球方位。

排名：第 1；

分数：71.53。

纽约基本情况（Basic Information）	
人口（Population）	880 万人
面积（Area）	784 平方公里
人口密度（Population Density）	11 224 人 / 平方公里
GDP（GDP）	9 782 亿美元
人均 GDP（GDP per Capita）	11.1 万美元
GDP 增长率（GDP Growth Rate）	0.36%
是否是首都（Capital or Not）	否

图 5.1
纽约数字化转型绩效的全球方位

资料来源：作者根据研究数据绘制。

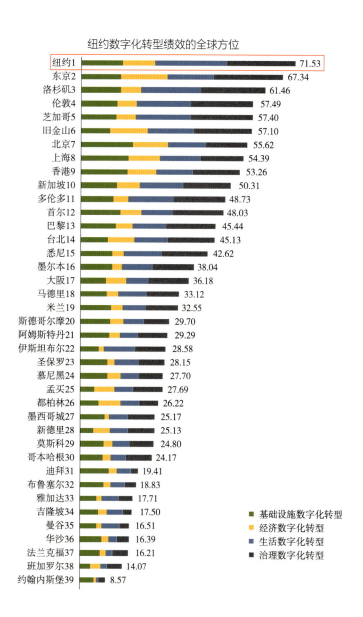

纽约数字化转型绩效的全球方位

纽约1	71.53
东京2	67.34
洛杉矶3	61.46
伦敦4	57.49
芝加哥5	57.40
旧金山6	57.10
北京7	55.62
上海8	54.39
香港9	53.26
新加坡10	50.31
多伦多11	48.73
首尔12	48.03
巴黎13	45.44
台北14	45.13
悉尼15	42.62
墨尔本16	38.04
大阪17	36.18
马德里18	33.12
米兰19	32.55
斯德哥尔摩20	29.70
阿姆斯特丹21	29.29
伊斯坦布尔22	28.58
圣保罗23	28.15
慕尼黑24	27.70
孟买25	27.69
都柏林26	26.22
墨西哥城27	25.17
新德里28	25.13
莫斯科29	24.80
哥本哈根30	24.17
迪拜31	19.41
布鲁塞尔32	18.83
雅加达33	17.71
吉隆坡34	17.50
曼谷35	16.51
华沙36	16.39
法兰克福37	16.21
班加罗尔38	14.07
约翰内斯堡39	8.57

- 基础设施数字化转型
- 经济数字化转型
- 生活数字化转型
- 治理数字化转型

2. 绩效视角下纽约在全部细分领域中的表现。

表 5.1
纽约在全部细分领域的表现

一级指标	表现		二级指标	表现		三级指标	表现	
	得分	排名		得分	排名		得分	排名
基础设施数字化转型	54.80	4	数字化基础设施	43.91	9	数字化网络设施	33.05	13
						数字化通信设施	54.77	3
			政策环境	51.67	23	隐私保护	100	1
						网络安全	3.35	36
			要素支撑	68.81	2	数字人才	68.82	5
						ICT 投资	68.80	4
经济数字化转型	43.96	4	数字产业化	35.06	4	数字服务业	70.13	4
						数字产品制造业	0.00	10
			产业数字化	59.43	2	制造业数字化	38.68	4
						金融数字化	44.80	3
						商业数字化	94.81	2
			数字贸易	37.37	10	数字产品贸易	27.54	7
						数字服务贸易	47.20	9
生活数字化转型	97.28	1	教育数字化	100.00	1	在线学习	100	1
			购物数字化	100.00	1	线上购物	100	1
			交往数字化	89.11	2	社交数字化	89.11	2
			求职数字化	100	1	在线求职	100	1
治理数字化转型	90.07	2	数据开放	79.45	9	开放政府数据	79.45	9
			政府服务数字化	97.81	2	在线服务	97.81	2
			参与数字化	92.95	2	电子参与	92.95	2

资料来源：作者测算编制。

5.1.2 东京

1. 东京数字化转型绩效的全球方位。

排名：第 2；

分数：67.34。

东京基本情况 （Basic Information）	
人口 （Population）	1 404.8 万人
面积 （Area）	628 平方公里
人口密度 （Population Density）	22 369 人／平方公里
GDP （GDP）	9 023 亿美元
人均 GDP （GDP per Capita）	6.4 万美元
GDP 增长率 （GDP Growth Rate）	−0.14%
是否是首都 （Capital or Not）	是

图 5.2
东京数字化转型绩效的全球方位

资料来源：作者根据研究数据绘制。

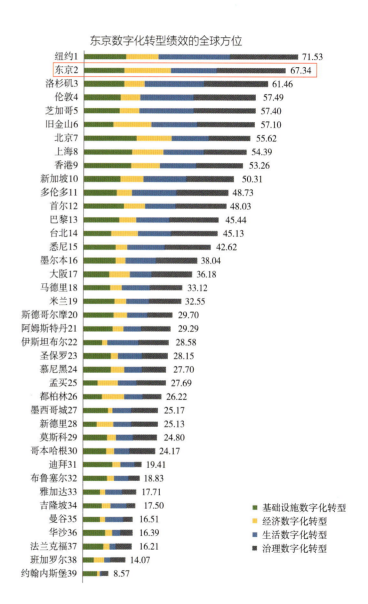

东京数字化转型绩效的全球方位

纽约1	71.53
东京2	67.34
洛杉矶3	61.46
伦敦4	57.49
芝加哥5	57.40
旧金山6	57.10
北京7	55.62
上海8	54.39
香港9	53.26
新加坡10	50.31
多伦多11	48.73
首尔12	48.03
巴黎13	45.44
台北14	45.13
悉尼15	42.62
墨尔本16	38.04
大阪17	36.18
马德里18	33.12
米兰19	32.55
斯德哥尔摩20	29.70
阿姆斯特丹21	29.29
伊斯坦布尔22	28.58
圣保罗23	28.15
慕尼黑24	27.70
孟买25	27.69
都柏林26	26.22
墨西哥城27	25.17
新德里28	25.13
莫斯科29	24.80
哥本哈根30	24.17
迪拜31	19.41
布鲁塞尔32	18.83
雅加达33	17.71
吉隆坡34	17.50
曼谷35	16.51
华沙36	16.39
法兰克福37	16.21
班加罗尔38	14.07
约翰内斯堡39	8.57

- 基础设施数字化转型
- 经济数字化转型
- 生活数字化转型
- 治理数字化转型

2. 绩效视角下东京在全部细分领域中的表现。

表 5.2
东京在全部细分领域的表现

一级指标	表现		二级指标	表现		三级指标	表现	
	得分	排名		得分	排名		得分	排名
基础设施数字化转型	52.65	7	数字化基础设施	60.36	5	数字化网络设施	20.72	25
						数字化通信设施	100	1
			政策环境	45.49	33	隐私保护	80	22
						网络安全	10.98	27
			要素支撑	52.10	7	数字人才	33.65	8
						ICT 投资	70.55	3
经济数字化转型	63.37	1	数字产业化	90.86	1	数字服务业	81.72	2
						数字产品制造业	100	1
			产业数字化	56.84	3	制造业数字化	63.51	2
						金融数字化	7.00	15
						商业数字化	100	1
			数字贸易	42.40	8	数字产品贸易	26.50	8
						数字服务贸易	58.31	6
生活数字化转型	62.47	5	教育数字化	48.81	8	在线学习	48.81	8
			购物数字化	96.99	2	线上购物	96.99	2
			交往数字化	100	1	社交数字化	100	1
			求职数字化	4.06	34	在线求职	4.06	34
治理数字化转型	90.87	1	数据开放	72.60	13	开放政府数据	72.60	13
			政府服务数字化	100	1	在线服务	100	1
			参与数字化	100	1	电子参与	100	1

资料来源：作者测算编制。

5.1.3 洛杉矶

1. 洛杉矶数字化转型绩效的全球方位。

排名：第 3；

分数：61.46。

洛杉矶基本情况 （Basic Information）	
人口 （Population）	389.9 万人
面积 （Area）	1 214 平方公里
人口密度 （Population Density）	3 212 人 / 平方公里
GDP （GDP）	7 475 亿美元
人均 GDP （GDP per Capita）	19.2 万美元
GDP 增长率 （GDP Growth Rate）	−0.16%
是否是首都 （Capital or Not）	否

图 5.3
洛杉矶数字化转型绩效的全球方位

资料来源：作者根据研究数据绘制。

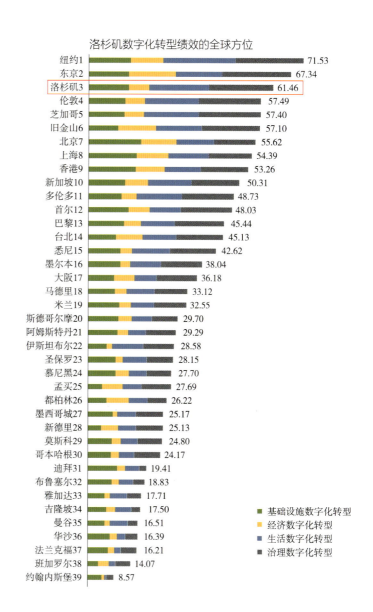

洛杉矶数字化转型绩效的全球方位

纽约1	71.53
东京2	67.34
洛杉矶3	61.46
伦敦4	57.49
芝加哥5	57.40
旧金山6	57.10
北京7	55.62
上海8	54.39
香港9	53.26
新加坡10	50.31
多伦多11	48.73
首尔12	48.03
巴黎13	45.44
台北14	45.13
悉尼15	42.62
墨尔本16	38.04
大阪17	36.18
马德里18	33.12
米兰19	32.55
斯德哥尔摩20	29.70
阿姆斯特丹21	29.29
伊斯坦布尔22	28.58
圣保罗23	28.15
慕尼黑24	27.70
孟买25	27.69
都柏林26	26.22
墨西哥城27	25.17
新德里28	25.13
莫斯科29	24.80
哥本哈根30	24.17
迪拜31	19.41
布鲁塞尔32	18.83
雅加达33	17.71
吉隆坡34	17.50
曼谷35	16.51
华沙36	16.39
法兰克福37	16.21
班加罗尔38	14.07
约翰内斯堡39	8.57

■ 基础设施数字化转型
■ 经济数字化转型
■ 生活数字化转型
■ 治理数字化转型

2. 绩效视角下洛杉矶在全部细分领域中的表现。

表 5.3
洛杉矶在全部细分领域的表现

一级指标	表现		二级指标	表现		三级指标	表现	
	得分	排名		得分	排名		得分	排名
基础设施数字化转型	53.13	5	数字化基础设施	42.05	10	数字化网络设施	33.05	13
						数字化通信设施	51.05	5
			政策环境	51.31	25	隐私保护	100	1
						网络安全	2.62	37
			要素支撑	66.03	4	数字人才	67.23	6
						ICT 投资	64.84	6
经济数字化转型	27.07	11	数字产业化	0	26	数字服务业	0	24
						数字产品制造业	0	10
			产业数字化	45.77	6	制造业数字化	36.79	5
						金融数字化	11.35	5
						商业数字化	89.16	3
			数字贸易	35.45	11	数字产品贸易	26.05	9
						数字服务贸易	44.84	13
生活数字化转型	79.58	2	教育数字化	94.64	2	在线学习	94.64	2
			购物数字化	93.83	3	线上购物	93.83	3
			交往数字化	83.89	3	社交数字化	83.89	3
			求职数字化	45.97	5	在线求职	45.97	5
治理数字化转型	86.06	3	数据开放	79.45	9	开放政府数据	79.45	9
			政府服务数字化	91.60	3	在线服务	91.60	3
			参与数字化	87.14	3	电子参与	87.14	3

资料来源：作者测算编制。

5.1.4 伦敦

1. 伦敦数字化转型绩效的全球方位。

排名：第 4；

分数：57.49。

伦敦基本情况 （Basic Information）	
人口 （Population）	900.2 万人
面积 （Area）	1 572 平方公里
人口密度 （Population Density）	5 726 人 / 平方公里
GDP （GDP）	5 834.5 亿美元
人均 GDP （GDP per Capita）	6.5 万美元
GDP 增长率 （GDP Growth Rate）	1.27%
是否是首都 （Capital or Not）	是

图 5.4
伦敦数字化转型绩效的全球方位

资料来源：作者根据研究数据绘制。

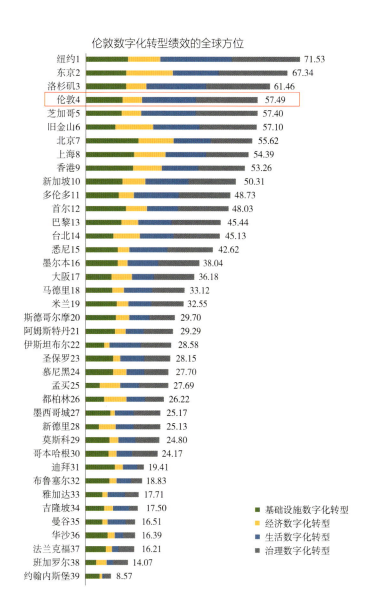

伦敦数字化转型绩效的全球方位

纽约1	71.53
东京2	67.34
洛杉矶3	61.46
伦敦4	57.49
芝加哥5	57.40
旧金山6	57.10
北京7	55.62
上海8	54.39
香港9	53.26
新加坡10	50.31
多伦多11	48.73
首尔12	48.03
巴黎13	45.44
台北14	45.13
悉尼15	42.62
墨尔本16	38.04
大阪17	36.18
马德里18	33.12
米兰19	32.55
斯德哥尔摩20	29.70
阿姆斯特丹21	29.29
伊斯坦布尔22	28.58
圣保罗23	28.15
慕尼黑24	27.70
孟买25	27.69
都柏林26	26.22
墨西哥城27	25.17
新德里28	25.13
莫斯科29	24.80
哥本哈根30	24.17
迪拜31	19.41
布鲁塞尔32	18.83
雅加达33	17.71
吉隆坡34	17.50
曼谷35	16.51
华沙36	16.39
法兰克福37	16.21
班加罗尔38	14.07
约翰内斯堡39	8.57

- 基础设施数字化转型
- 经济数字化转型
- 生活数字化转型
- 治理数字化转型

2. 绩效视角下伦敦在全部细分领域中的表现。

表 5.4
伦敦在全部细分领域的表现

一级指标	表现		二级指标	表现		三级指标	表现	
	得分	排名		得分	排名		得分	排名
基础设施数字化转型	48.38	9	数字化基础设施	32.95	17	数字化网络设施	28.13	21
						数字化通信设施	37.77	15
			政策环境	54.76	16	隐私保护	100	1
						网络安全	9.52	29
			要素支撑	57.42	5	数字人才	69.95	3
						ICT 投资	44.89	12
经济数字化转型	26.24	14	数字产业化	7.76	12	数字服务业	15.52	9
						数字产品制造业	0	10
			产业数字化	49.06	5	制造业数字化	12.11	28
						金融数字化	56.04	2
						商业数字化	79.02	5
			数字贸易	21.91	23	数字产品贸易	10.87	17
						数字服务贸易	32.94	21
生活数字化转型	71.95	3	教育数字化	39.36	12	在线学习	39.36	12
			购物数字化	85.78	5	线上购物	85.78	5
			交往数字化	79.46	6	社交数字化	79.46	6
			求职数字化	83.22	2	在线求职	83.22	2
治理数字化转型	83.39	4	数据开放	100	1	开放政府数据	100	1
			政府服务数字化	78.72	6	在线服务	78.72	6
			参与数字化	71.44	8	电子参与	71.44	8

资料来源：作者测算编制。

5.1.5 芝加哥

1. 芝加哥数字化转型绩效的全球方位。

排名：第 5；

分数：57.40。

芝加哥基本情况 （Basic Information）	
人口 （Population）	274.6 万人
面积 （Area）	590 平方公里
人口密度 （Population Density）	4 654 人 / 平方公里
GDP （GDP）	6 929.9 亿美元
人均 GDP （GDP per Capita）	25.2 万美元
GDP 增长率 （GDP Growth Rate）	3.40%
是否是首都 （Capital or Not）	否

图 5.5
芝加哥数字化转型绩效的全球方位

资料来源：作者根据研究数据绘制。

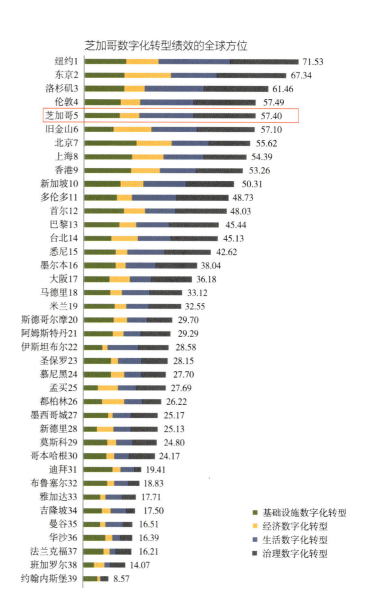

芝加哥数字化转型绩效的全球方位

纽约1	71.53
东京2	67.34
洛杉矶3	61.46
伦敦4	57.49
芝加哥5	57.40
旧金山6	57.10
北京7	55.62
上海8	54.39
香港9	53.26
新加坡10	50.31
多伦多11	48.73
首尔12	48.03
巴黎13	45.44
台北14	45.13
悉尼15	42.62
墨尔本16	38.04
大阪17	36.18
马德里18	33.12
米兰19	32.55
斯德哥尔摩20	29.70
阿姆斯特丹21	29.29
伊斯坦布尔22	28.58
圣保罗23	28.15
慕尼黑24	27.70
孟买25	27.69
都柏林26	26.22
墨西哥城27	25.17
新德里28	25.13
莫斯科29	24.80
哥本哈根30	24.17
迪拜31	19.41
布鲁塞尔32	18.83
雅加达33	17.71
吉隆坡34	17.50
曼谷35	16.51
华沙36	16.39
法兰克福37	16.21
班加罗尔38	14.07
约翰内斯堡39	8.57

■ 基础设施数字化转型
■ 经济数字化转型
■ 生活数字化转型
■ 治理数字化转型

2. 绩效视角下芝加哥在全部细分领域中的表现。

表 5.5
芝加哥在全部细分领域的表现

一级指标	表现		二级指标	表现		三级指标	表现	
	得分	排名		得分	排名		得分	排名
基础设施 数字化转型	47.23	10	数字化基础设施	40.89	12	数字化网络设施	33.05	13
						数字化通信设施	48.73	7
			政策环境	53.71	20	隐私保护	100	1
						网络安全	7.43	33
			要素支撑	47.08	11	数字人才	31.81	17
						ICT 投资	62.35	8
经济数字化转型	25.57	15	数字产业化	0.00	26	数字服务业	0.00	24
						数字产品制造业	0.00	10
			产业数字化	42.48	8	制造业数字化	35.61	7
						金融数字化	6.21	17
						商业数字化	85.62	4
			数字贸易	34.24	12	数字产品贸易	25.12	10
						数字服务贸易	43.36	14
生活数字化转型	73.25	3	教育数字化	91.28	3	在线学习	91.28	3
			购物数字化	89.97	4	线上购物	89.97	4
			交往数字化	80.62	4	社交数字化	80.62	4
			求职数字化	31.14	9	在线求职	31.14	9
治理数字化转型	83.55	4	数据开放	79.45	9	开放政府数据	79.45	9
			政府服务数字化	87.71	4	在线服务	87.71	4
			参与数字化	83.49	4	电子参与	83.49	4

资料来源：作者测算编制。

5.1.6　旧金山

1. 旧金山数字化转型绩效的全球方位。

排名：第 6；

分数：57.10。

旧金山基本情况 （Basic Information）	
人口 （Population）	87.4 万人
面积 （Area）	121 平方公里
人口密度 （Population Density）	7 223 人 / 平方公里
GDP （GDP）	2 015.5 亿美元
人均 GDP （GDP per Capita）	23.1 万美元
GDP 增长率 （GDP Growth Rate）	4.07%
是否是首都 （Capital or Not）	否

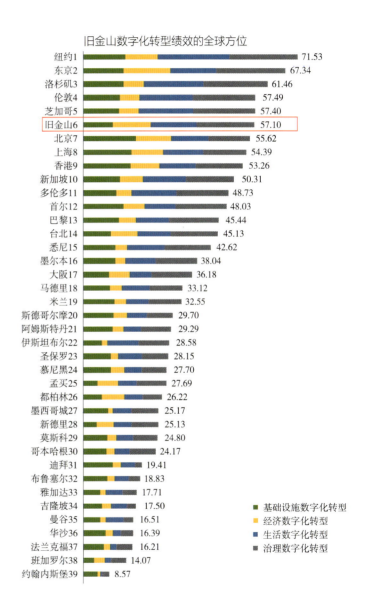

图 5.6
旧金山数字化转型绩效的全球方位

资料来源：作者根据研究数据绘制。

2. 绩效视角下旧金山在全部细分领域中的表现。

表 5.6
旧金山在全部细分领域的表现

一级指标	表现		二级指标	表现		三级指标	表现	
	得分	排名		得分	排名		得分	排名
基础设施数字化转型	39.17	19	数字化基础设施	38.05	15	数字化网络设施	33.05	13
						数字化通信设施	43.05	10
			政策环境	51.31	25	隐私保护	100	1
						网络安全	2.62	37
			要素支撑	28.14	16	数字人才	0.00	19
						ICT 投资	56.28	10
经济数字化转型	50.39	2	数字产业化	50.00	3	数字服务业	100	1
						数字产品制造业	0.00	10
			产业数字化	69.89	1	制造业数字化	32.72	9
						金融数字化	100	1
						商业数字化	76.97	6
			数字贸易	31.29	14	数字产品贸易	22.83	11
						数字服务贸易	39.75	17
生活数字化转型	61.42	6	教育数字化	83.07	4	在线学习	83.07	4
			购物数字化	80.52	7	线上购物	80.52	7
			交往数字化	72.62	9	社交数字化	72.62	9
			求职数字化	9.44	23	在线求职	9.44	23
治理数字化转型	77.41	6	数据开放	79.45	9	开放政府数据	79.45	9
			政府服务数字化	78.20	7	在线服务	78.20	7
			参与数字化	74.59	7	电子参与	74.59	7

资料来源：作者测算编制。

5.1.7 北京

1. 北京数字化转型绩效的全球方位。

排名：第 7；

分数：55.62。

北京基本情况 （Basic Information）	
人口 （Population）	2 189.3 万人
面积 （Area）	16 406 平方公里
人口密度 （Population Density）	1 334 人 / 平方公里
GDP （GDP）	5 415.4 亿美元
人均 GDP （GDP per Capita）	2.5 万美元
GDP 增长率 （GDP Growth Rate）	6.76%
是否是首都 （Capital or Not）	是

图 5.7
北京数字化转型绩效的全球方位

资料来源：作者根据研究数据绘制。

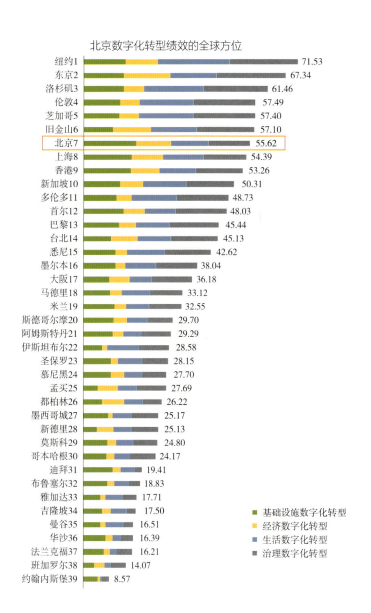

北京数字化转型绩效的全球方位

纽约1	71.53
东京2	67.34
洛杉矶3	61.46
伦敦4	57.49
芝加哥5	57.40
旧金山6	57.10
北京7	55.62
上海8	54.39
香港9	53.26
新加坡10	50.31
多伦多11	48.73
首尔12	48.03
巴黎13	45.44
台北14	45.13
悉尼15	42.62
墨尔本16	38.04
大阪17	36.18
马德里18	33.12
米兰19	32.55
斯德哥尔摩20	29.70
阿姆斯特丹21	29.29
伊斯坦布尔22	28.58
圣保罗23	28.15
慕尼黑24	27.70
孟买25	27.69
都柏林26	26.22
墨西哥城27	25.17
新德里28	25.13
莫斯科29	24.80
哥本哈根30	24.17
迪拜31	19.41
布鲁塞尔32	18.83
雅加达33	17.71
吉隆坡34	17.50
曼谷35	16.51
华沙36	16.39
法兰克福37	16.21
班加罗尔38	14.07
约翰内斯堡39	8.57

- ■ 基础设施数字化转型
- ■ 经济数字化转型
- ■ 生活数字化转型
- ■ 治理数字化转型

2. 绩效视角下北京在全部细分领域中的表现。

表 5.7
北京在全部细分领域的表现

一级指标	表现		二级指标	表现		三级指标	表现	
	得分	排名		得分	排名		得分	排名
基础设施数字化转型	69.43	1	数字化基础设施	67.91	2	数字化网络设施	86.88	3
						数字化通信设施	48.94	6
			政策环境	74.31	1	隐私保护	80.00	22
						网络安全	68.62	8
			要素支撑	66.08	3	数字人才	69.74	4
						ICT 投资	62.43	7
经济数字化转型	47.51	3	数字产业化	60.02	2	数字服务业	80.74	3
						数字产品制造业	39.29	3
			产业数字化	30.29	13	制造业数字化	24.97	14
						金融数字化	8.33	13
						商业数字化	57.58	12
			数字贸易	52.21	6	数字产品贸易	17.63	12
						数字服务贸易	86.80	5
生活数字化转型	50.88	10	教育数字化	41.86	11	在线学习	41.86	11
			购物数字化	80.24	8	线上购物	80.24	8
			交往数字化	67.28	12	社交数字化	67.28	12
			求职数字化	14.15	16	在线求职	14.15	16
治理数字化转型	54.66	16	数据开放	10.96	35	开放政府数据	10.96	35
			政府服务数字化	77.89	8	在线服务	77.89	8
			参与数字化	75.13	6	电子参与	75.13	6

资料来源：作者测算编制。

5.1.8 上海

1. 上海数字化转型绩效的全球方位。

排名：第8；

分数：54.39。

上海基本情况 （Basic Information）	
人口 （Population）	2 488.4 万人
面积 （Area）	6 341 平方公里
人口密度 （Population Density）	3 924 人 / 平方公里
GDP （GDP）	5 805.1 亿美元
人均 GDP （GDP per Capita）	2.3 万美元
GDP 增长率 （GDP Growth Rate）	6.56%
是否是首都 （Capital or Not）	否

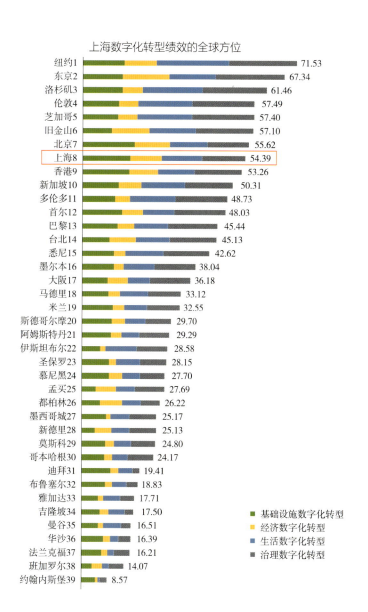

上海数字化转型绩效的全球方位

纽约1	71.53
东京2	67.34
洛杉矶3	61.46
伦敦4	57.49
芝加哥5	57.40
旧金山6	57.10
北京7	55.62
上海8	54.39
香港9	53.26
新加坡10	50.31
多伦多11	48.73
首尔12	48.03
巴黎13	45.44
台北14	45.13
悉尼15	42.62
墨尔本16	38.04
大阪17	36.18
马德里18	33.12
米兰19	32.55
斯德哥尔摩20	29.70
阿姆斯特丹21	29.29
伊斯坦布尔22	28.58
圣保罗23	28.15
慕尼黑24	27.70
孟买25	27.69
都柏林26	26.22
墨西哥城27	25.17
新德里28	25.13
莫斯科29	24.80
哥本哈根30	24.17
迪拜31	19.41
布鲁塞尔32	18.83
雅加达33	17.71
吉隆坡34	17.50
曼谷35	16.51
华沙36	16.39
法兰克福37	16.21
班加罗尔38	14.07
约翰内斯堡39	8.57

■ 基础设施数字化转型
■ 经济数字化转型
■ 生活数字化转型
■ 治理数字化转型

图 5.8
上海数字化转型绩效的全球方位

资料来源：作者根据研究数据绘制。

2. 绩效视角下的上海在全部细分领域中的表现。

表 5.8
上海在全部细分领域的表现

一级指标	表现		二级指标	表现		三级指标	表现	
	得分	排名		得分	排名		得分	排名
基础设施数字化转型	63.37	2	数字化基础设施	69.09	1	数字化网络设施	86.88	3
						数字化通信设施	51.30	4
			政策环境	72.06	2	隐私保护	80.00	22
						网络安全	64.12	11
			要素支撑	48.96	9	数字人才	32.98	10
						ICT 投资	64.94	5
经济数字化转型	43.15	5	数字产业化	19.07	8	数字服务业	5.64	20
						数字产品制造业	32.49	4
			产业数字化	29.31	14	制造业数字化	25.81	13
						金融数字化	1.90	28
						商业数字化	60.23	10
			数字贸易	81.07	1	数字产品贸易	72.39	3
						数字服务贸易	89.74	4
生活数字化转型	54.06	9	教育数字化	43.60	10	在线学习	43.60	10
			购物数字化	83.82	6	线上购物	83.82	6
			交往数字化	70.13	10	社交数字化	70.13	10
			求职数字化	18.68	14	在线求职	18.68	14
治理数字化转型	56.99	14	数据开放	10.96	35	开放政府数据	10.96	35
			政府服务数字化	81.49	5	在线服务	81.49	5
			参与数字化	78.53	5	电子参与	78.53	5

资料来源：作者测算编制。

5.1.9 香港

1. 香港数字化转型绩效的全球方位。

排名：第9；

分数：53.26。

香港基本情况 (Basic Information)	
人口 (Population)	748 万人
面积 (Area)	1 107 平方公里
人口密度 (Population Density)	6 757 人/平方公里
GDP (GDP)	3 408.3 亿美元
人均 GDP (GDP per Capita)	4.6 万美元
GDP 增长率 (GDP Growth Rate)	1.85%
是否是首都 (Capital or Not)	否

图 5.9
香港数字化转型绩效的全球方位

资料来源：作者根据研究数据绘制。

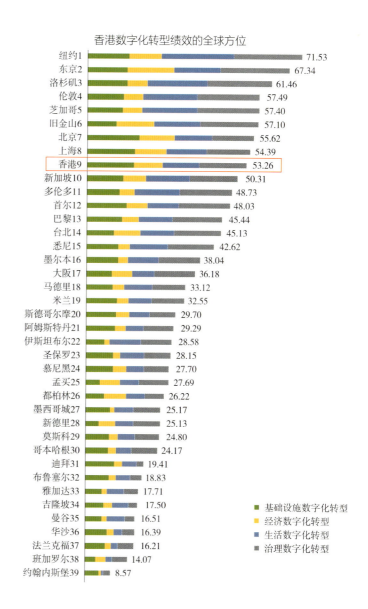

香港数字化转型绩效的全球方位

纽约1	71.53
东京2	67.34
洛杉矶3	61.46
伦敦4	57.49
芝加哥5	57.40
旧金山6	57.10
北京7	55.62
上海8	54.39
香港9	53.26
新加坡10	50.31
多伦多11	48.73
首尔12	48.03
巴黎13	45.44
台北14	45.13
悉尼15	42.62
墨尔本16	38.04
大阪17	36.18
马德里18	33.12
米兰19	32.55
斯德哥尔摩20	29.70
阿姆斯特丹21	29.29
伊斯坦布尔22	28.58
圣保罗23	28.15
慕尼黑24	27.70
孟买25	27.69
都柏林26	26.22
墨西哥城27	25.17
新德里28	25.13
莫斯科29	24.80
哥本哈根30	24.17
迪拜31	19.41
布鲁塞尔32	18.83
雅加达33	17.71
吉隆坡34	17.50
曼谷35	16.51
华沙36	16.39
法兰克福37	16.21
班加罗尔38	14.07
约翰内斯堡39	8.57

- 基础设施数字化转型
- 经济数字化转型
- 生活数字化转型
- 治理数字化转型

2. 绩效视角下香港在全部细分领域中的表现。

表5.9
香港在全部细分领域的表现

一级指标	表现		二级指标	表现		三级指标	表现	
	得分	排名		得分	排名		得分	排名
基础设施数字化转型	61.87	3	数字化基础设施	49.96	6	数字化网络设施	35.97	11
						数字化通信设施	63.96	2
			政策环境	64.12	8	隐私保护	100	1
						网络安全	28.24	21
			要素支撑	71.53	1	数字人才	100	1
						ICT投资	43.05	13
经济数字化转型	39.11	6	数字产业化	29.44	6	数字服务业	54.49	5
						数字产品制造业	4.39	8
			产业数字化	31.08	10	制造业数字化	27.27	11
						金融数字化	10.58	6
						商业数字化	55.38	15
			数字贸易	56.82	3	数字产品贸易	100	1
						数字服务贸易	13.65	37
生活数字化转型	49.07	12	教育数字化	59.39	7	在线学习	59.39	7
			购物数字化	48.83	18	线上购物	48.83	18
			交往数字化	65.75	13	社交数字化	65.75	13
			求职数字化	22.32	12	在线求职	22.32	12
治理数字化转型	62.99	12	数据开放	89.04	3	开放政府数据	89.04	3
			政府服务数字化	50.10	15	在线服务	50.10	15
			参与数字化	49.83	14	电子参与	49.83	14

资料来源：作者测算编制。

5.1.10　新加坡

1. 新加坡数字化转型绩效的全球方位。

排名：第 10；

分数：50.31。

新加坡基本情况 （Basic Information）	
人口 （Population）	568.6 万人
面积 （Area）	723 平方公里
人口密度 （Population Density）	7 864 人/平方公里
GDP （GDP）	4 764 亿美元
人均 GDP （GDP per Capita）	8.4 万美元
GDP 增长率 （GDP Growth Rate）	1.08%
是否是首都 （Capital or Not）	是

图 5.10
新加坡数字化转型绩效的全球方位

资料来源：作者根据研究数据绘制。

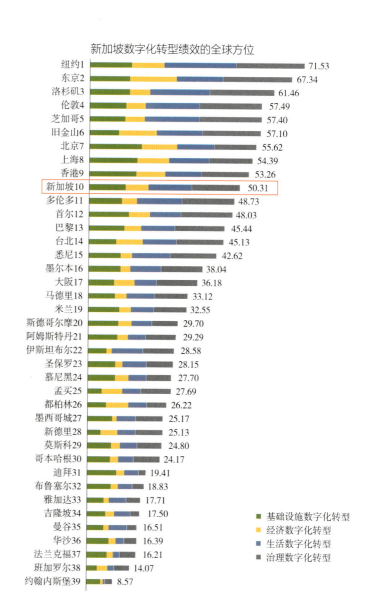

新加坡数字化转型绩效的全球方位

纽约1	71.53
东京2	67.34
洛杉矶3	61.46
伦敦4	57.49
芝加哥5	57.40
旧金山6	57.10
北京7	55.62
上海8	54.39
香港9	53.26
新加坡10	50.31
多伦多11	48.73
首尔12	48.03
巴黎13	45.44
台北14	45.13
悉尼15	42.62
墨尔本16	38.04
大阪17	36.18
马德里18	33.12
米兰19	32.55
斯德哥尔摩20	29.70
阿姆斯特丹21	29.29
伊斯坦布尔22	28.58
圣保罗23	28.15
慕尼黑24	27.70
孟买25	27.69
都柏林26	26.22
墨西哥城27	25.17
新德里28	25.13
莫斯科29	24.80
哥本哈根30	24.17
迪拜31	19.41
布鲁塞尔32	18.83
雅加达33	17.71
吉隆坡34	17.50
曼谷35	16.51
华沙36	16.39
法兰克福37	16.21
班加罗尔38	14.07
约翰内斯堡39	8.57

■ 基础设施数字化转型
■ 经济数字化转型
■ 生活数字化转型
■ 治理数字化转型

2. 绩效视角下新加坡在全部细分领域中的表现。

表 5.10
新加坡在全部细分领域的表现

一级指标	表现 得分	表现 排名	二级指标	表现 得分	表现 排名	三级指标	表现 得分	表现 排名
基础设施数字化转型	48.83	8	数字化基础设施	39.66	14	数字化网络设施	32.75	17
						数字化通信设施	46.58	9
			政策环境	50.00	27	隐私保护	100	1
						网络安全	0.00	39
			要素支撑	56.82	6	数字人才	70.66	2
						ICT 投资	42.98	14
经济数字化转型	30.57	8	数字产业化	6.48	14	数字服务业	9.66	15
						数字产品制造业	3.30	9
			产业数字化	42.69	7	制造业数字化	60.14	3
						金融数字化	10.46	7
						商业数字化	57.46	13
			数字贸易	42.54	8	数字产品贸易	46.94	4
						数字服务贸易	38.15	18
生活数字化转型	57.17	8	教育数字化	64.45	6	在线学习	64.45	6
			购物数字化	54.90	13	线上购物	54.90	13
			交往数字化	63.70	14	社交数字化	63.70	14
			求职数字化	45.62	6	在线求职	45.62	6
治理数字化转型	64.66	10	数据开放	89.04	3	开放政府数据	89.04	3
			政府服务数字化	55.19	14	在线服务	55.19	14
			参与数字化	49.74	15	电子参与	49.74	15

资料来源：作者测算编制。

5.2　数字化转型速度前十强城市画像

5.2.1　北京

1. 北京数字化转型速度的全球方位。

排名：第 1；

分数：57.32。

北京基本情况 （Basic Information）	
人口 （Population）	2 189.3 万人
面积 （Area）	16 406 平方公里
人口密度 （Population Density）	1 334 人／平方公里
GDP （GDP）	5 415.4 亿美元
人均 GDP （GDP per Capita）	2.5 万美元
GDP 增长率 （GDP Growth Rate）	6.76%
是否是首都 （Capital or Not）	是

图 5.11
北京数字化转型速度的全球方位

资料来源：作者根据研究数据绘制。

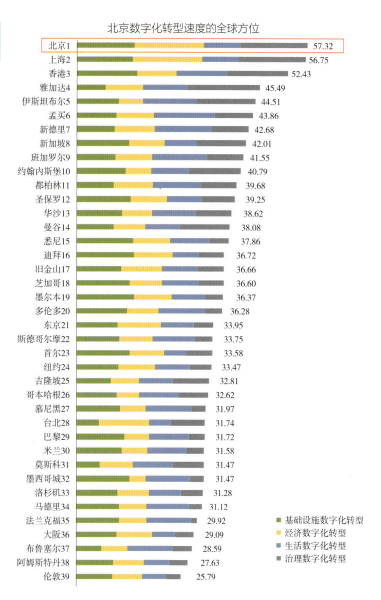

北京数字化转型速度的全球方位

北京1	57.32
上海2	56.75
香港3	52.43
雅加达4	45.49
伊斯坦布尔5	44.51
孟买6	43.86
新德里7	42.68
新加坡8	42.01
班加罗尔9	41.55
约翰内斯堡10	40.79
都柏林11	39.68
圣保罗12	39.25
华沙13	38.62
曼谷14	38.08
悉尼15	37.86
迪拜16	36.72
旧金山17	36.66
芝加哥18	36.60
墨尔本19	36.37
多伦多20	36.28
东京21	33.95
斯德哥尔摩22	33.75
首尔23	33.58
纽约24	33.47
吉隆坡25	32.81
哥本哈根26	32.62
慕尼黑27	31.97
台北28	31.74
巴黎29	31.72
米兰30	31.58
莫斯科31	31.47
墨西哥城32	31.47
洛杉矶33	31.28
马德里34	31.12
法兰克福35	29.92
大阪36	29.09
布鲁塞尔37	28.59
阿姆斯特丹38	27.63
伦敦39	25.79

■ 基础设施数字化转型
■ 经济数字化转型
■ 生活数字化转型
■ 治理数字化转型

2. 速度视角下北京在全部细分领域中的表现。

表 5.11
北京在全部细分领域的表现

一级指标	表现		二级指标	表现		三级指标	表现	
	得分	排名		得分	排名		得分	排名
基础设施数字化转型	56.54	2	数字化基础设施	72.45	3	数字化网络设施	100	1
						数字化通信设施	44.90	3
			政策环境	50.24	29	隐私保护	16.80	31
						网络安全	83.69	4
			要素支撑	46.91	8	数字人才	50.26	9
						ICT 投资	43.56	3
经济数字化转型	69.17	1	数字产业化	54.42	4	数字服务业	14.63	10
						数字产品制造业	94.20	2
			产业数字化	79.47	1	制造业数字化	88.06	2
						金融数字化	69.98	10
						商业数字化	80.38	5
			数字贸易	73.62	1	数字产品贸易	47.23	2
						数字服务贸易	100	1
生活数字化转型	36.37	23	教育数字化	59.85	9	在线学习	59.85	9
			购物数字化	24.37	26	线上购物	24.37	26
			交往数字化	25.10	17	社交数字化	25.10	17
			求职数字化	36.18	23	在线求职	36.18	23
治理数字化转型	67.21	2	数据开放	100	1	开放政府数据	100	1
			政府服务数字化	57.00	4	在线服务	57.00	4
			参与数字化	44.62	3	电子参与	44.62	3

资料来源：作者测算编制。

5.2.2 上海

1. 上海数字化转型速度的全球方位。

排名：第 2；

分数：56.75。

上海基本情况 （Basic Information）	
人口 （Population）	2 488.4 万人
面积 （Area）	6 341 平方公里
人口密度 （Population Density）	3 924 人/平方公里
GDP （GDP）	5 805.1 亿美元
人均 GDP （GDP per Capita）	2.3 万美元
GDP 增长率 （GDP Growth Rate）	6.56%
是否是首都 （Capital or Not）	否

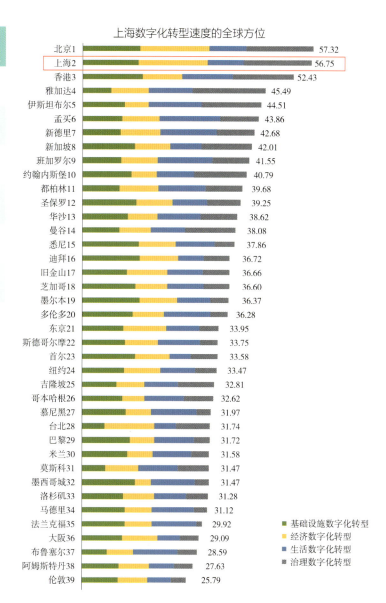

上海数字化转型速度的全球方位

北京1	57.32
上海2	56.75
香港3	52.43
雅加达4	45.49
伊斯坦布尔5	44.51
孟买6	43.86
新德里7	42.68
新加坡8	42.01
班加罗尔9	41.55
约翰内斯堡10	40.79
都柏林11	39.68
圣保罗12	39.25
华沙13	38.62
曼谷14	38.08
悉尼15	37.86
迪拜16	36.72
旧金山17	36.66
芝加哥18	36.60
墨尔本19	36.37
多伦多20	36.28
东京21	33.95
斯德哥尔摩22	33.75
首尔23	33.58
纽约24	33.47
吉隆坡25	32.81
哥本哈根26	32.62
慕尼黑27	31.97
台北28	31.74
巴黎29	31.72
米兰30	31.58
莫斯科31	31.47
墨西哥城32	31.47
洛杉矶33	31.28
马德里34	31.12
法兰克福35	29.92
大阪36	29.09
布鲁塞尔37	28.59
阿姆斯特丹38	27.63
伦敦39	25.79

- 基础设施数字化转型
- 经济数字化转型
- 生活数字化转型
- 治理数字化转型

图 5.12
上海数字化转型速度的全球方位

资料来源：作者根据研究数据绘制。

2. 速度视角下上海在全部细分领域中的表现。

表 5.12
上海在全部细分领域的表现

一级指标	表现 得分	表现 排名	二级指标	表现 得分	表现 排名	三级指标	表现 得分	表现 排名
基础设施数字化转型	55.06	6	数字化基础设施	72.28	4	数字化网络设施	100	1
						数字化通信设施	44.56	4
			政策环境	44.50	35	隐私保护	16.80	31
						网络安全	72.20	12
			要素支撑	48.40	7	数字人才	53.59	6
						ICT 投资	43.22	4
经济数字化转型	68.91	2	数字产业化	77.15	1	数字服务业	100	1
						数字产品制造业	54.30	4
			产业数字化	62.40	13	制造业数字化	87.91	3
						金融数字化	19.61	37
						商业数字化	79.67	6
			数字贸易	67.17	3	数字产品贸易	34.70	10
						数字服务贸易	99.64	2
生活数字化转型	36.09	24	教育数字化	59.47	10	在线学习	59.47	10
			购物数字化	23.98	27	线上购物	23.98	27
			交往数字化	24.72	20	社交数字化	24.72	20
			求职数字化	36.18	23	在线求职	36.18	23
治理数字化转型	66.94	3	数据开放	100	1	开放政府数据	100	1
			政府服务数字化	56.63	5	在线服务	56.63	5
			参与数字化	44.21	4	电子参与	44.21	4

资料来源：作者测算编制。

5.2.3　香港

1. 香港数字化转型速度的全球方位。

排名：第 3；

分数：52.43。

香港基本情况 （Basic Information）	
人口 （Population）	748 万人
面积 （Area）	1 107 平方公里
人口密度 （Population Density）	6 757 人 / 平方公里
GDP （GDP）	3 408.3 亿美元
人均 GDP （GDP per Capita）	4.6 万美元
GDP 增长率 （GDP Growth Rate）	1.85%
是否是首都 （Capital or Not）	否

图 5.13
香港数字化转型速度的全球方位

资料来源：作者根据研究数据绘制。

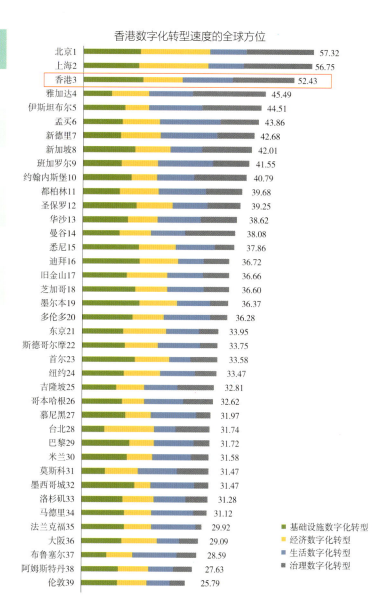

香港数字化转型速度的全球方位

北京1	57.32
上海2	56.75
香港3	52.43
雅加达4	45.49
伊斯坦布尔5	44.51
孟买6	43.86
新德里7	42.68
新加坡8	42.01
班加罗尔9	41.55
约翰内斯堡10	40.79
都柏林11	39.68
圣保罗12	39.25
华沙13	38.62
曼谷14	38.08
悉尼15	37.86
迪拜16	36.72
旧金山17	36.66
芝加哥18	36.60
墨尔本19	36.37
多伦多20	36.28
东京21	33.95
斯德哥尔摩22	33.75
首尔23	33.58
纽约24	33.47
吉隆坡25	32.81
哥本哈根26	32.62
慕尼黑27	31.97
台北28	31.74
巴黎29	31.72
米兰30	31.58
莫斯科31	31.47
墨西哥城32	31.47
洛杉矶33	31.28
马德里34	31.12
法兰克福35	29.92
大阪36	29.09
布鲁塞尔37	28.59
阿姆斯特丹38	27.63
伦敦39	25.79

■ 基础设施数字化转型
■ 经济数字化转型
■ 生活数字化转型
■ 治理数字化转型

2. 速度视角下香港在全部细分领域中的表现。

表 5.13
香港在全部细分领域的表现

一级指标	表现		二级指标	表现		三级指标	表现	
	得分	排名		得分	排名		得分	排名
基础设施数字化转型	59.11	1	数字化基础设施	55.64	6	数字化网络设施	79.25	5
						数字化通信设施	32.03	6
			政策环境	75.50	3	隐私保护	67.66	9
						网络安全	83.34	5
			要素支撑	46.19	9	数字人才	57.24	5
						ICT 投资	35.14	5
经济数字化转型	39.17	7	数字产业化	8.75	34	数字服务业	9.44	33
						数字产品制造业	8.06	8
			产业数字化	73.89	3	制造业数字化	100	1
						金融数字化	73.18	8
						商业数字化	48.49	20
			数字贸易	34.87	15	数字产品贸易	35.25	8
						数字服务贸易	34.50	24
生活数字化转型	50.82	5	教育数字化	47.44	20	在线学习	47.44	20
			购物数字化	39.64	13	线上购物	39.64	13
			交往数字化	16.22	30	社交数字化	16.22	30
			求职数字化	100	1	在线求职	100	1
治理数字化转型	60.60	4	数据开放	98.52	3	开放政府数据	98.52	3
			政府服务数字化	47.69	15	在线服务	47.69	15
			参与数字化	35.60	12	电子参与	35.60	12

资料来源：作者测算编制。

5.2.4　雅加达

1. 雅加达数字化转型速度的全球方位。

排名：第 4；

分数：45.49。

雅加达基本情况 （Basic Information）	
人口 （Population）	1 056 万人
面积 （Area）	664 平方公里
人口密度 （Population Density）	15 904 人/平方公里
GDP （GDP）	2 009 亿美元
人均 GDP （GDP per Capita）	1.9 万美元
GDP 增长率 （GDP Growth Rate）	3.60%
是否是首都 （Capital or Not）	是

图 5.14
雅加达数字化转型速度的全球方位

资料来源：作者根据研究数据绘制。

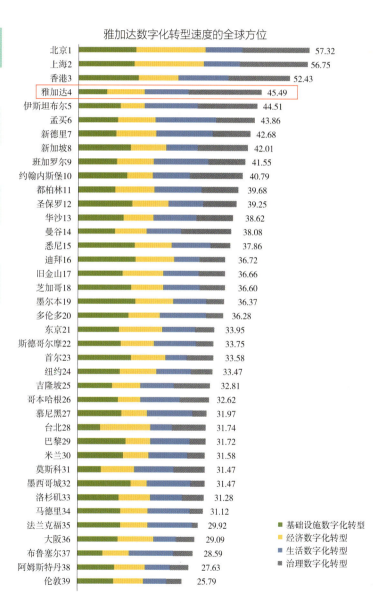

雅加达数字化转型速度的全球方位

北京1	57.32
上海2	56.75
香港3	52.43
雅加达4	45.49
伊斯坦布尔5	44.51
孟买6	43.86
新德里7	42.68
新加坡8	42.01
班加罗尔9	41.55
约翰内斯堡10	40.79
都柏林11	39.68
圣保罗12	39.25
华沙13	38.62
曼谷14	38.08
悉尼15	37.86
迪拜16	36.72
旧金山17	36.66
芝加哥18	36.60
墨尔本19	36.37
多伦多20	36.28
东京21	33.95
斯德哥尔摩22	33.75
首尔23	33.58
纽约24	33.47
吉隆坡25	32.81
哥本哈根26	32.62
慕尼黑27	31.97
台北28	31.74
巴黎29	31.72
米兰30	31.58
莫斯科31	31.47
墨西哥城32	31.47
洛杉矶33	31.28
马德里34	31.12
法兰克福35	29.92
大阪36	29.09
布鲁塞尔37	28.59
阿姆斯特丹38	27.63
伦敦39	25.79

■ 基础设施数字化转型
■ 经济数字化转型
■ 生活数字化转型
■ 治理数字化转型

2. 速度视角下雅加达在全部细分领域中的表现。

表 5.14
雅加达在全部细分领域的表现

一级指标	表现 得分	表现 排名	二级指标	表现 得分	表现 排名	三级指标	表现 得分	表现 排名
基础设施数字化转型	27.37	36	数字化基础设施	7.96	38	数字化网络设施	0.00	39
						数字化通信设施	15.91	33
			政策环境	39.12	36	隐私保护	0.00	36
						网络安全	78.25	7
			要素支撑	35.03	15	数字人才	50.00	13
						ICT 投资	20.06	11
经济数字化转型	37.48	11	数字产业化	9.51	19	数字服务业	11.81	16
						数字产品制造业	7.22	9
			产业数字化	66.96	8	制造业数字化	50.93	34
						金融数字化	61.79	14
						商业数字化	88.14	4
			数字贸易	35.96	13	数字产品贸易	27.87	15
						数字服务贸易	44.05	13
生活数字化转型	43.55	12	教育数字化	53.03	16	在线学习	53.03	16
			购物数字化	17.04	31	线上购物	17.04	31
			交往数字化	50.89	8	社交数字化	50.89	8
			求职数字化	53.25	2	在线求职	53.25	2
治理数字化转型	73.56	1	数据开放	20.69	17	开放政府数据	20.69	17
			政府服务数字化	100	1	在线服务	100	1
			参与数字化	100	1	电子参与	100	1

资料来源：作者测算编制。

5.2.5　伊斯坦布尔

1. 伊斯坦布尔数字化转型速度的全球方位。

排名：第 5；

分数：44.51。

伊斯坦布尔基本情况 （Basic Information）	
人口 （Population）	1 546 万人
面积 （Area）	5 196 平方公里
人口密度 （Population Density）	2 975 人 / 平方公里
GDP （GDP）	3 487 亿美元
人均 GDP （GDP per Capita）	2.2 万美元
GDP 增长率 （GDP Growth Rate）	3.27%
是否是首都 （Capital or Not）	否

图 5.15

伊斯坦布尔数字化转型速度的全球方位

资料来源：作者根据研究数据绘制。

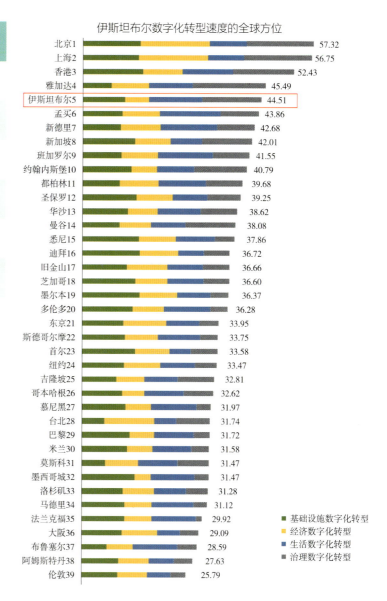

伊斯坦布尔数字化转型速度的全球方位

北京1	57.32
上海2	56.75
香港3	52.43
雅加达4	45.49
伊斯坦布尔5	44.51
孟买6	43.86
新德里7	42.68
新加坡8	42.01
班加罗尔9	41.55
约翰内斯堡10	40.79
都柏林11	39.68
圣保罗12	39.25
华沙13	38.62
曼谷14	38.08
悉尼15	37.86
迪拜16	36.72
旧金山17	36.66
芝加哥18	36.60
墨尔本19	36.37
多伦多20	36.28
东京21	33.95
斯德哥尔摩22	33.75
首尔23	33.58
纽约24	33.47
吉隆坡25	32.81
哥本哈根26	32.62
慕尼黑27	31.97
台北28	31.74
巴黎29	31.72
米兰30	31.58
莫斯科31	31.47
墨西哥城32	31.47
洛杉矶33	31.28
马德里34	31.12
法兰克福35	29.92
大阪36	29.09
布鲁塞尔37	28.59
阿姆斯特丹38	27.63
伦敦39	25.79

■ 基础设施数字化转型
■ 经济数字化转型
■ 生活数字化转型
■ 治理数字化转型

表 5.15
伊斯坦布尔在全部细分领域
的表现

2. 速度视角下伊斯坦布尔在全部细分领域中的表现。

一级指标	表现		二级指标	表现		三级指标	表现	
	得分	排名		得分	排名		得分	排名
基础设施数字化转型	41.21	22	数字化基础设施	23.87	31	数字化网络设施	20.36	31
						数字化通信设施	27.38	10
			政策环境	65.01	14	隐私保护	71.99	8
						网络安全	58.02	29
			要素支撑	34.76	16	数字人才	50.00	13
						ICT 投资	97.08	12
经济数字化转型	23.59	37	数字产业化	9.51	19	数字服务业	11.81	16
						数字产品制造业	7.22	9
			产业数字化	50.26	22	制造业数字化	50.74	35
						金融数字化	26.82	30
						商业数字化	73.22	8
			数字贸易	11.00	39	数字产品贸易	0.00	39
						数字服务贸易	21.99	34
生活数字化转型	52.63	4	教育数字化	42.94	28	在线学习	42.94	28
			购物数字化	100	1	线上购物	100	1
			交往数字化	22.13	24	社交数字化	22.13	24
			求职数字化	45.45	13	在线求职	45.45	13
治理数字化转型	60.60	4	数据开放	54.26	6	开放政府数据	54.26	6
			政府服务数字化	69.69	2	在线服务	69.69	2
			参与数字化	57.84	2	电子参与	57.84	2

资料来源：作者测算编制。

5.2.6 孟买

1. 孟买数字化转型速度的全球方位。

排名：第 6；

分数：43.86。

孟买基本情况 （Basic Information）	
人口 （Population）	1 240 万人
面积 （Area）	603 平方公里
人口密度 （Population Density）	20 564 人 / 平方公里
GDP （GDP）	2 625 亿美元
人均 GDP （GDP per Capita）	1.3 万美元
GDP 增长率 （GDP Growth Rate）	5.86%
是否是首都 （Capital or Not）	否

图 5.16
孟买数字化转型速度的全球方位

资料来源：作者根据研究数据绘制。

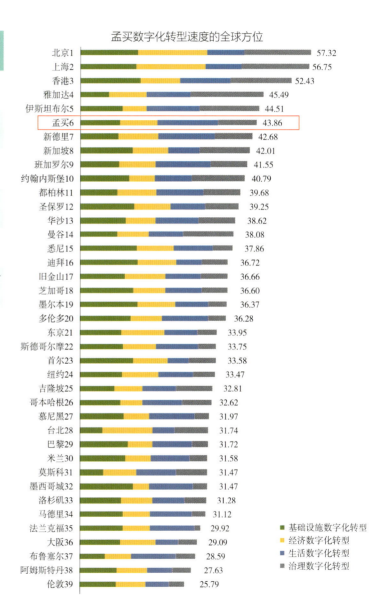

孟买数字化转型速度的全球方位

北京1	57.32
上海2	56.75
香港3	52.43
雅加达4	45.49
伊斯坦布尔5	44.51
孟买6	43.86
新德里7	42.68
新加坡8	42.01
班加罗尔9	41.55
约翰内斯堡10	40.79
都柏林11	39.68
圣保罗12	39.25
华沙13	38.62
曼谷14	38.08
悉尼15	37.86
迪拜16	36.72
旧金山17	36.66
芝加哥18	36.60
墨尔本19	36.37
多伦多20	36.28
东京21	33.95
斯德哥尔摩22	33.75
首尔23	33.58
纽约24	33.47
吉隆坡25	32.81
哥本哈根26	32.62
慕尼黑27	31.97
台北28	31.74
巴黎29	31.72
米兰30	31.58
莫斯科31	31.47
墨西哥城32	31.47
洛杉矶33	31.28
马德里34	31.12
法兰克福35	29.92
大阪36	29.09
布鲁塞尔37	28.59
阿姆斯特丹38	27.63
伦敦39	25.79

■ 基础设施数字化转型
■ 经济数字化转型
■ 生活数字化转型
■ 治理数字化转型

2. 速度视角下孟买在全部细分领域中的表现。

表 5.16
孟买在全部细分领域的表现

一级指标	表现得分	表现排名	二级指标	表现得分	表现排名	三级指标	表现得分	表现排
基础设施数字化转型	38.66	28	数字化基础设施	29.12	19	数字化网络设施	28.50	27
						数字化通信设施	29.74	8
			政策环境	50.00	30	隐私保护	0	36
						网络安全	100	1
			要素支撑	36.86	12	数字人才	50.00	13
						ICT 投资	23.73	8
经济数字化转型	37.38	13	数字产业化	9.86	17	数字服务业	12.50	13
						数字产品制造业	7.22	9
			产业数字化	65.84	9	制造业数字化	52.24	31
						金融数字化	45.27	19
						商业数字化	100	1
			数字贸易	36.45	12	数字产品贸易	41.07	3
						数字服务贸易	31.82	25
生活数字化转型	60.06	1	教育数字化	51.30	17	在线学习	51.30	17
			购物数字化	41.23	8	线上购物	41.23	8
			交往数字化	100	1	社交数字化	100	1
			求职数字化	47.73	10	在线求职	47.73	10
治理数字化转型	39.35	9	数据开放	29.00	9	开放政府数据	29.00	9
			政府服务数字化	52.17	9	在线服务	52.17	9
			参与数字化	36.88	10	电子参与	36.88	10

资料来源：作者测算编制。

5.2.7　新德里

1. 新德里数字化转型速度的全球方位。

排名：第 7；

分数：42.68。

新德里基本情况 （Basic Information）	
人口 （Population）	1 103.5 万人
面积 （Area）	1 482 平方公里
人口密度 （Population Density）	7 446 人 / 平方公里
GDP （GDP）	1 664 亿美元
人均 GDP （GDP per Capita）	1.5 万美元
GDP 增长率 （GDP Growth Rate）	4.55%
是否是首都 （Capital or Not）	是

图 5.17
新德里数字化转型速度的全球方位

资料来源：作者根据研究数据绘制。

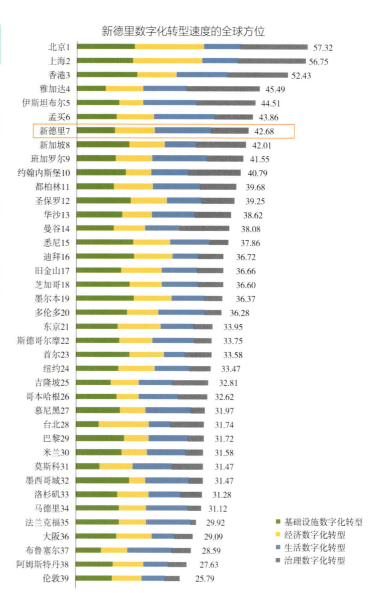

新德里数字化转型速度的全球方位

北京1	57.32
上海2	56.75
香港3	52.43
雅加达4	45.49
伊斯坦布尔5	44.51
孟买6	43.86
新德里7	42.68
新加坡8	42.01
班加罗尔9	41.55
约翰内斯堡10	40.79
都柏林11	39.68
圣保罗12	39.25
华沙13	38.62
曼谷14	38.08
悉尼15	37.86
迪拜16	36.72
旧金山17	36.66
芝加哥18	36.60
墨尔本19	36.37
多伦多20	36.28
东京21	33.95
斯德哥尔摩22	33.75
首尔23	33.58
纽约24	33.47
吉隆坡25	32.81
哥本哈根26	32.62
慕尼黑27	31.97
台北28	31.74
巴黎29	31.72
米兰30	31.58
莫斯科31	31.47
墨西哥城32	31.47
洛杉矶33	31.28
马德里34	31.12
法兰克福35	29.92
大阪36	29.09
布鲁塞尔37	28.59
阿姆斯特丹38	27.63
伦敦39	25.79

■ 基础设施数字化转型
■ 经济数字化转型
■ 生活数字化转型
■ 治理数字化转型

2. 速度视角下新德里在全部细分领域中的表现。

表 5.17
新德里在全部细分领域的表现

一级指标	表现 得分	表现 排名	二级指标	表现 得分	表现 排名	三级指标	表现 得分	表现 排名
基础设施数字化转型	36.76	30	数字化基础设施	28.04	24	数字化网络设施	28.50	27
						数字化通信设施	27.59	9
			政策环境	46.44	33	隐私保护	0.00	36
						网络安全	92.87	3
			要素支撑	35.80	13	数字人才	50.00	13
						ICT 投资	21.61	9
经济数字化转型	39.76	6	数字产业化	12.55	13	数字服务业	17.88	7
						数字产品制造业	7.22	9
			产业数字化	71.96	4	制造业数字化	51.49	32
						金融数字化	69.22	12
						商业数字化	95.17	2
			数字贸易	34.77	17	数字产品贸易	39.65	4
						数字服务贸易	29.88	28
生活数字化转型	56.58	2	教育数字化	48.86	18	在线学习	48.86	18
			购物数字化	32.72	18	线上购物	32.72	18
			交往数字化	97.02	2	社交数字化	97.02	2
			求职数字化	47.73	10	在线求职	47.73	10
治理数字化转型	37.62	10	数据开放	29.00	9	开放政府数据	29.00	9
			政府服务数字化	49.71	12	在线服务	49.71	12
			参与数字化	34.16	13	电子参与	34.16	13

资料来源：作者测算编制。

5.2.8 新加坡

1. 新加坡数字化转型速度的全球方位。

排名：第8；

分数：42.01。

新加坡基本情况 （Basic Information）	
人口 （Population）	568.6 万人
面积 （Area）	723 平方公里
人口密度 （Population Density）	7 864 人/平方公里
GDP （GDP）	4 764 亿美元
人均 GDP （GDP per Capita）	8.4 万美元
GDP 增长率 （GDP Growth Rate）	1.08%
是否是首都 （Capital or Not）	是

图 5.18
新加坡数字化转型速度的全球方位

资料来源：作者根据研究数据绘制。

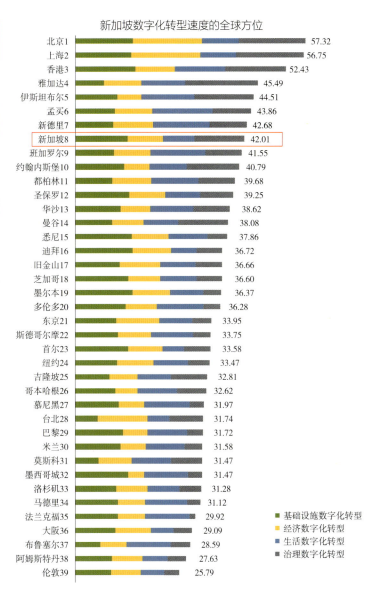

新加坡数字化转型速度的全球方位

北京1	57.32
上海2	56.75
香港3	52.43
雅加达4	45.49
伊斯坦布尔5	44.51
孟买6	43.86
新德里7	42.68
新加坡8	42.01
班加罗尔9	41.55
约翰内斯堡10	40.79
都柏林11	39.68
圣保罗12	39.25
华沙13	38.62
曼谷14	38.08
悉尼15	37.86
迪拜16	36.72
旧金山17	36.66
芝加哥18	36.60
墨尔本19	36.37
多伦多20	36.28
东京21	33.95
斯德哥尔摩22	33.75
首尔23	33.58
纽约24	33.47
吉隆坡25	32.81
哥本哈根26	32.62
慕尼黑27	31.97
台北28	31.74
巴黎29	31.72
米兰30	31.58
莫斯科31	31.47
墨西哥城32	31.47
洛杉矶33	31.28
马德里34	31.12
法兰克福35	29.92
大阪36	29.09
布鲁塞尔37	28.59
阿姆斯特丹38	27.63
伦敦39	25.79

■ 基础设施数字化转型
■ 经济数字化转型
■ 生活数字化转型
■ 治理数字化转型

2. 速度视角下新加坡在全部细分领域中的表现。

表 5.18
新加坡在全部细分领域的表现

一级指标	表现		二级指标	表现		三级指标	表现	
	得分	排名		得分	排名		得分	排名
基础设施数字化转型	50.96	11	数字化基础设施	40.50	15	数字化网络设施	59.77	14
						数字化通信设施	21.24	21
			政策环境	70.28	9	隐私保护	73.10	7
						网络安全	67.46	18
			要素支撑	42.10	10	数字人才	50.40	7
						ICT 投资	33.81	6
经济数字化转型	36.15	14	数字产业化	32.47	5	数字服务业	10.64	32
						数字产品制造业	54.30	4
			产业数字化	51.95	18	制造业数字化	56.04	22
						金融数字化	45.00	20
						商业数字化	54.82	16
			数字贸易	24.03	32	数字产品贸易	22.08	30
						数字服务贸易	25.97	31
生活数字化转型	31.03	33	教育数字化	39.07	30	在线学习	39.07	30
			购物数字化	47.95	6	线上购物	47.95	6
			交往数字化	9.83	35	社交数字化	9.83	35
			求职数字化	27.27	32	在线求职	27.27	32
治理数字化转型	49.90	8	数据开放	98.52	3	开放政府数据	98.52	3
			政府服务数字化	29.85	28	在线服务	29.85	28
			参与数字化	21.33	24	电子参与	21.33	24

资料来源：作者测算编制。

5.2.9 班加罗尔

1. 班加罗尔数字化转型速度的全球方位。

排名：第 9；

分数：41.55。

班加罗尔基本情况 （Basic Information）	
人口 （Population）	844.4 万人
面积 （Area）	741 平方公里
人口密度 （Population Density）	16 636 人 / 平方公里
GDP （GDP）	1 100.0 亿美元
人均 GDP （GDP per Capita）	0.9 万美元
GDP 增长率 （GDP Growth Rate）	4.37%
是否是首都 （Capital or Not）	否

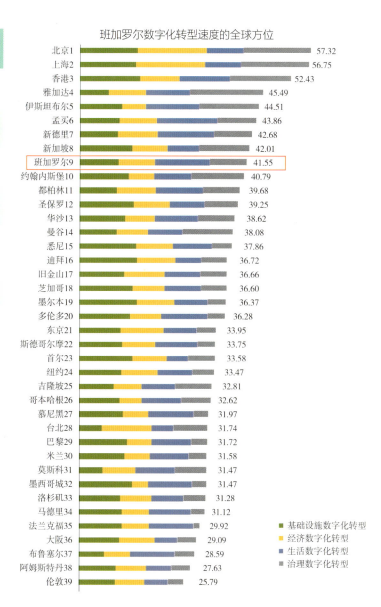

图 5.19
班加罗尔数字化转型速度的全球方位

资料来源：作者根据研究数据绘制。

班加罗尔数字化转型速度的全球方位

北京1	57.32
上海2	56.75
香港3	52.43
雅加达4	45.49
伊斯坦布尔5	44.51
孟买6	43.86
新德里7	42.68
新加坡8	42.01
班加罗尔9	41.55
约翰内斯堡10	40.79
都柏林11	39.68
圣保罗12	39.25
华沙13	38.62
曼谷14	38.08
悉尼15	37.86
迪拜16	36.72
旧金山17	36.66
芝加哥18	36.60
墨尔本19	36.37
多伦多20	36.28
东京21	33.95
斯德哥尔摩22	33.75
首尔23	33.58
纽约24	33.47
吉隆坡25	32.81
哥本哈根26	32.62
慕尼黑27	31.97
台北28	31.74
巴黎29	31.72
米兰30	31.58
莫斯科31	31.47
墨西哥城32	31.47
洛杉矶33	31.28
马德里34	31.12
法兰克福35	29.92
大阪36	29.09
布鲁塞尔37	28.59
阿姆斯特丹38	27.63
伦敦39	25.79

- ■ 基础设施数字化转型
- ■ 经济数字化转型
- ■ 生活数字化转型
- ■ 治理数字化转型

表 5.19
班加罗尔在全部细分领域的
表现

2. 速度视角下班加罗尔在全部细分领域中的表现。

一级指标	表现		二级指标	表现		三级指标	表现	
	得分	排名		得分	排名		得分	排名
基础设施数字化转型	37.85	29	数字化基础设施	27.90	26	数字化网络设施	28.50	27
						数字化通信设施	27.29	11
			政策环境	50.00	30	隐私保护	0.00	36
						网络安全	100	2
			要素支撑	35.66	14	数字人才	50.00	13
						ICT 投资	21.32	10
经济数字化转型	36.06	16	数字产业化	9.79	18	数字服务业	12.36	15
						数字产品制造业	7.22	9
			产业数字化	63.85	11	制造业数字化	51.38	33
						金融数字化	45.65	18
						商业数字化	94.52	3
			数字贸易	34.54	19	数字产品贸易	39.46	5
						数字服务贸易	29.62	29
生活数字化转型	54.90	3	教育数字化	48.53	19	在线学习	48.53	19
			购物数字化	26.72	23	线上购物	26.72	23
			交往数字化	96.62	3	社交数字化	96.62	3
			求职数字化	47.73	10	在线求职	47.73	10
治理数字化转型	37.39	12	数据开放	29.00	9	开放政府数据	29.00	9
			政府服务数字化	49.38	14	在线服务	49.38	14
			参与数字化	33.79	14	电子参与	33.79	14

资料来源：作者测算编制。

5.2.10 约翰内斯堡

1. 约翰内斯堡数字化转型速度的全球方位。

排名：第 10；

分数：40.79。

约翰内斯堡基本情况 （Basic Information）	
人口 （Population）	578.3 万人
面积 （Area）	1 645 平方公里
人口密度 （Population Density）	3 516 人 / 平方公里
GDP （GDP）	735.5 亿美元
人均 GDP （GDP per Capita）	1.3 万美元
GDP 增长率 （GDP Growth Rate）	−0.89%
是否是首都 （Capital or Not）	否

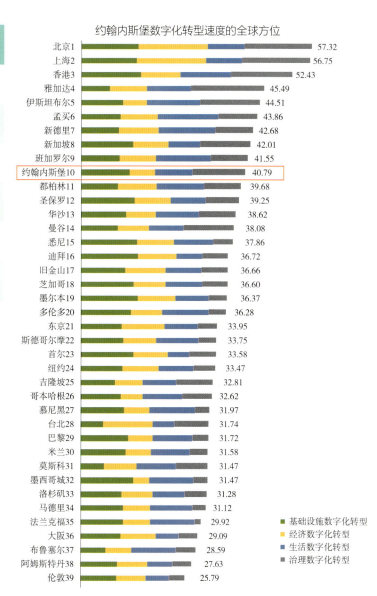

约翰内斯堡数字化转型速度的全球方位

北京1 57.32
上海2 56.75
香港3 52.43
雅加达4 45.49
伊斯坦布尔5 44.51
孟买6 43.86
新德里7 42.68
新加坡8 42.01
班加罗尔9 41.55
约翰内斯堡10 40.79
都柏林11 39.68
圣保罗12 39.25
华沙13 38.62
曼谷14 38.08
悉尼15 37.86
迪拜16 36.72
旧金山17 36.66
芝加哥18 36.60
墨尔本19 36.37
多伦多20 36.28
东京21 33.95
斯德哥尔摩22 33.75
首尔23 33.58
纽约24 33.47
吉隆坡25 32.81
哥本哈根26 32.62
慕尼黑27 31.97
台北28 31.74
巴黎29 31.72
米兰30 31.58
莫斯科31 31.47
墨西哥城32 31.47
洛杉矶33 31.28
马德里34 31.12
法兰克福35 29.92
大阪36 29.09
布鲁塞尔37 28.59
阿姆斯特丹38 27.63
伦敦39 25.79

- 基础设施数字化转型
- 经济数字化转型
- 生活数字化转型
- 治理数字化转型

图 5.20
约翰内斯堡数字化转型速度的全球方位

资料来源：作者根据研究数据绘制。

表 5.20
约翰内斯堡在全部细分领域
的表现

2. 速度视角下约翰内斯堡在全部细分领域中的表现。

一级指标	表现		二级指标	表现		三级指标	表现	
	得分	排名		得分	排名		得分	排名
基础设施数字化转型	48.28	13	数字化基础设施	45.52	10	数字化网络设施	59.43	15
						数字化通信设施	31.60	7
			政策环境	72.51	8	隐私保护	67.66	9
						网络安全	77.37	8
			要素支撑	26.81	28	数字人才	50.00	13
						ICT 投资	3.62	31
经济数字化转型	24.68	35	数字产业化	9.51	19	数字服务业	11.81	16
						数字产品制造业	7.22	9
			产业数字化	19.39	39	制造业数字化	43.82	38
						金融数字化	0.00	39
						商业数字化	14.36	38
			数字贸易	45.15	8	数字产品贸易	17.47	38
						数字服务贸易	72.82	3
生活数字化转型	37.39	21	教育数字化	35.10	33	在线学习	35.10	33
			购物数字化	24.56	25	线上购物	24.56	25
			交往数字化	41.83	9	社交数字化	41.83	9
			求职数字化	48.05	9	在线求职	48.05	9
治理数字化转型	52.81	6	数据开放	61.80	5	开放政府数据	61.80	5
			政府服务数字化	54.82	6	在线服务	54.82	6
			参与数字化	41.82	8	电子参与	41.82	8

资料来源：作者测算编制。

附录 1　指标体系、数据与方法

A1.1　指标体系构建原则

设计科学合理的评价指标体系，是获得公正评价结果的前提。依据以往研究成果，城市数字化转型评价指标体系的构建需要遵循一定的构建原则。

1. 代表性原则。代表性原则是指城市数字化转型评价指标体系中的指标在评价城市数字化转型情况的某一方面具有代表性。由于所建指标体系不可能面面俱到，因此，城市数字化转型评价指标体系中应该包含核心指标。所谓核心指标就是指能够反映城市数字化转型主要方面的指标。另外，评价指标体系中不能有重叠指标，否则会导致评价结果的失真。

2. 科学性原则。科学性原则是指城市数字化转型评价指标体系的设计能够科学准确地反映被评价城市实施数字化转型的状况，反映实施过程中的优劣势，同时能够横向比较城市数字化转型的情况。评价指标的选取要有一定的科学依据，不能凭空捏造，要有一定的理论依据，这样才能使人信服。另外，所选指标的名称、定义、计算方法等必须科学明确，以免产生歧义。

3. 系统性原则。系统性原则是指城市数字化转型评价指标体系的构建必须包含每一个侧面的指标，能评价城市数字化转型的各个方面。从理论架构方面看，评价指标体系就应该包括数字化基础、政府数字化转型、经济数字化转型、生活数字化转型以及数字化转型潜力五个方面的评价指标。

4. 有效性原则。有效性原则是指评价指标的设计必须具有一定的鉴别度，即对于每一个评价对象而言，评价指标都有一定的区分度。如果出现某一指标在每个城市测度下来数据几乎一致的情况，这就说明该指标是没有一定鉴别度的，不满足有效性原则。另外，有效性还表现在城市数字转型评价指标体系具有历史动态性，包括空间上和时间上，能够进行横向及纵向比较。

5. 可操作性原则。可操作性原则是指城市数字化转型评价指标体系中的每一个指标应当是容易获得的，其计算方式是简单易行的。另外，必须考虑指标的可量化性，这就要求我们尽量采用客观指标。如果需要主观指标，我们应该考虑到主观指标量化的可能。同时，城市数字化评价指标体系中每个指标的基础数据最好是可以从政府统计部门或国际知名指数研究获得，因为这样得来的数据较为科学准确。

A1.2　城市数字化评价指标体系的构建

本研究认为，只有基于对城市数字化转型概念、内涵及基本特征的理解，正确把握城市数字化转型的理论架构，并参考以往学者及研究机构对城市数字化（智慧城市、数字城市）指标体系的设计，才能够保证城市数字化转型的评价指标体系的设计具有充分的理论依据，并且不失科学性、合理性。

本研究将城市数字化转型评价指标体系的一级指标设定为基础设施数字化转型、经济数字化转型、生活数字化转型、治理数字化转型（表 A.1、图 A.1）。

数字化基础设施是城市数字化转型的重要支撑，既包括通信设施和网络设施这样的"硬设施"，也包括政策支持和要素支撑这样的"软设施"。只有基于完善的基础设施、强力的政策支持以及充裕的资源要素供给，才能够实现城市数字化转型体系的协调一致，实现政府的高效管理、经济的高质量发展以及市民生活的高效便捷。

治理数字化转型在城市数字化转型中处于战略地位，从顶层设计到城市数字化转型实现，每一步都离不开政府的管理。数字化治理能够实现管理的智能化，实现处理日常事务的高效率。同时，数字治理能够提高市民建设数字城市的意识，让整个城市处于建设数字城市的良好氛围中，加强政府、企业和市民的互动，让企业和市民积极参与到数字城市的建设当中。

城市的综合实力在很大程度上取决于城市的经济发展情况，同样，数字城市的发展也不例外。经济数字化转型是城市数字化转型成功与否的最直接体现之一，反过来，城市的数字化转型能够促进城市产业结构转型升级，转变经济发展方式，实现城市经济的高质量、可持续发展。

城市数字化转型旨在实现以人为本，其最终目的是让市民生活更美好。生活数字化转型体现在市民生活的高效便捷与环境宜居，是城市数字化转型的关键所在，也是评价一个城市数字化转型程度高低的重要外在特征。

一级指标	二级指标	三级指标	指标测度
基础设施 数字化转型	数字化基础设施	数字化网络设施 数字化通信设施	网速等
	政策环境	隐私保护 网络安全	
	要素支撑	数字人才 信息技术投资	
经济数字 化转型	数字产业化	数字服务业 数字产品制造业	大型信息 服务企业市值等
	产业数字化	制造业数字化 金融数字化 商业数字化	
	数字贸易	数字产品贸易 数字服务贸易	
生活数字 化转型	教育数字化	在线学习	在线学习人数在 16— 74 岁人群中占比等
	购物数字化	线上购物	
	交往数字化	社交数字化	
	求职数字化	在线求职	
治理数字 化转型	数据开放	开放政府数据	数据开放等
	政府服务数字化	在线服务	
	参与数字化	电子参与	

图 A.1
城市数字化转型指标体系可
视化展示

资料来源：作者绘制。

A1.3　指标解释

A1.3.1　"基础设施数字化转型"指标

数字化基础设施就是城市数字化转型中不可或缺的硬件及软件设施，是新一代信息技术实现应用的支撑，是智慧城市发展的基础保障条件。互联网、物联网、大数据、5G、人工智能、机器人、计算技术、软件、智能芯片，信息物理安全等新一代信息技术是智慧城市建设的关键技术。传感技术、RFID 等是物联网的重要组成部分，物联网用于对整个城市物理空间的数据信息的感知和获取，连接整个城市的虚拟架构与现实物理空间；云计算是并行计算、分布式计算和网格计算的发展，是对整个城市数据信息的整合，是一种城市虚拟服务。从数据的感知到获取、整合，离不开数据的传输，互联网及其传输速率成为智慧基础设施建设的关键，同时互联网也是云计算革命的一大基本要素。

信息技术的提高，人们依靠的信息基础设施不止于计算机，移动电话尤其是智能机的出现更加方便了人们的生活，人们不再只依赖于计算机，智能机、平板电脑等的出现给人们带来了便捷。

除了硬件，政府的隐私政策以及网络安全环境则构成数字化转型的软环境。而数字人才、信息技术投入构成数字化的要素支撑环境。

"基础设施数字化转型"指标包括数字化基础设施、政策环境、资源要素支撑三个维度，以及各自的下级指标和对这些指标进行测度的指标（表 A.2）。

表 A.2
"基础设施数字化转型"指标构成

一级指标	二级指标	三级指标	指标测度	单位	数据来源
基础设施数字化转型	数字化基础设施	数字化网络设施	网速	Mbps	SpeedTest
		数字化通信设施	手机渗透率	%	Digital 2020
	政策环境	隐私保护	隐私保护度	分值	安全城市指数
		网络安全	易受攻击的计算机占比	%	安全城市指数
	资源要素支撑	数字人才	所属 QS 世界大学计算机 & IT 专业实力	分值	QS 世界大学学科排名
		信息技术投资	ICT 投资的 GDP 占比	%	OECD 数据库 中国国家统计局、世界银行

资料来源：作者编制。

A1.3.2 "经济数字化转型"指标

经济数字化转型首先体现在数据产业化，即信息服务业发展水平上。随着云计算、大数据、5G等技术的日新月异，数据呈几何倍数式增长。数据量日益庞大的同时，企业不仅对数据越来越重视，绝大部分企业都将数据作为企业的重要资产看待。基于此，如何利用好数据，发展信息服务业，将数字资产转化为实际的产业化资产，激发数据价值，成为企业、城市在市场竞争中的重要抓手。

产业数字化构成经济数字化转型的另一个重要维度。在新一代数字科技的支撑和引领下，以数据为关键要素，以价值释放为核心，以数据赋能为主线，对产业链上下游的全要素进行数字化升级、转型和再造是城市数字化转型的必由之路。

无论是数据产业化还是产业数字化，其价值实现都要通过数字产品和服务的贸易来实现。数字贸易不仅包括基于信息通信技术开展的线上宣传、交易、结算等促成的实物商品贸易，还包括通过信息通信网络（语音和数据网络等）传输的数字服务贸易，如数据、数字产品、数字化服务等贸易。

"经济数字化转型"指标包括数字产业化、产业数字化、数字贸易三个维度，以及各自的下级指标和对这些指标进行测度的指标（表 A.3）。

表 A.3
"经济数字化转型"指标构成

一级指标	二级指标	三级指标	指标测度	单位	数据来源
经济数字化转型	数字产业化	数字服务业	大型信息服企业市值	十亿美元	福布斯全球 2 000 强
		数字产品制造业	大型计算机、通信和其他电子设备制造企业市值	十亿美元	福布斯全球 2 000 强
	产业数字化	制造业数字化	工业机器人密度	个 / 万职工	世界机器人报告
		金融数字化	金融科技	分值	全球金融科技指数
		商业数字化	电子商务	分值	联合国贸发会议
	数字贸易	数字产品贸易	计算机、通信和其他电子设备贸易占货物贸易比重	%	联合国贸发会议
		数字服务贸易	信息服务贸易占服务贸易比重	%	联合国贸发会议

资料来源：作者编制。

A1.3.3 "生活数字化转型"指标

城市数字化转型的最终目标是实现以人为本的城市生活更美好。数字化生活是城市数字化转型的主要外在表现，它在一定程度上能够检验城市数字化转型的建设效果。生活数字化绩效主要体现在医疗、交通、学习、娱乐、购物等方面数字化转型后所取得的便捷度。

"生活数字化转型"指标包括购物数字化、教育数字化、交往数字化、求职数字化四个维度，以及各自的下级指标和对这些指标进行测度的指标（表A.4）。

A1.3.4 "治理数字化转型"指标

数字化治理就是利用物联网、互联网等新一代信息技术来实现政府办公、监督、服务、决策的智能化，形成办事高效、服务便捷的新型治理形式。数字政府的核心是以一种更智慧的方法通过利用新一代信息技术来改变政府之间、政府与公司、政府与民众相互交户的方式，以便提高交互的明确性、效率、灵活性和响

表 A.4 "生活数字化转型"指标构成

一级指标	二级指标	三级指标	指标测度	单位	数据来源
生活数字化转型	购物数字化	线上购物	线上购物人口占比	%	数字2020
	教育数字化	在线学习	在线学习人数在16~74岁人群中占比	%	Similarweb
	交往数字化	社交数字化	社交媒体渗透率	%	数字2020
	求职数字化	在线求职	通过LinkedIn求职的人数	百万人	LinkedIn

资料来源：作者编制。

表 A.5 "治理数字化转型"指标构成

一级指标	二级指标	三级指标	指标测度	单位	数据来源
治理数字化转型	数据开放	开放政府数据	数据开放	分值	全球政务数据开放晴雨表
	政府服务数字化	在线服务	在线服务	分值	联合国电子政务调查报告
	参与数字化	电子参与	电子参与	分值	联合国电子政务调查报告

资料来源：作者编制。

应速度。其主要特征包括数字化的信息资源整合、数字化的互联互通、数字化的服务与决策。治理数字化转型不仅仅指政府处理事务的网络化以及政府办公设施的智能化，同时也包括政府之间的互联互通，政府与企业及市民的服务互动。

"治理数字化转型"指标包括数据开放、政府服务数字化、参与数字化三个维度，以及各自的下级指标和对这些指标进行测度的指标（表 A.5）。

A1.4　样本选择、数据搜集和权重确定

A1.4.1　样本选择

样本城市将从国际知名机构发布的有关城市智慧化、智能化或数字化指数研究报告所罗列的城市中选取。鉴于知名度以及公正性，我们选取总部位于英国的创新慈善机构 Nesta 发布的《欧洲数字城市指数 2016》中的 60 个城市（该指数综合考虑一个城市的营商环境、融资便利度、劳动力水平、数字化基础设施完善程度等决定因素）、瑞士洛桑国际管理发展学院（IMD）与新加坡科技设计大学（SUTD）联合发布的《2020 年智慧城市指数报告》中的前 100 位城市（Smart City Index Report for 2020）（两家机构分别对来自 109 个城市的上百名市民进行了问卷调查，涉及的城市环境问题包括健康与安全、交通、活动、机会等多个方面），以及国际知名人力资源咨询公司罗兰贝格发布的《2019 智慧城市战略指数》的前 15 位城市作为备选城市。总共涉及 175 个城市。再依据代表城市数字化转型的趋势以及与上海有一定的可比性的原则，对这 175 个城市进行分析比较，最终选定 38 个城市作为本研究的样本城市。但是考虑到洲际的协调性，我们将没有进入 175 个备选城市的南非的约翰内斯堡也列入本研究的样本城市。这样总共得到 39 个样本城市，即中国的北京、上海、香港、台北，日本的东京、大阪，新加坡，韩国的首尔，泰国的曼谷，印度的孟买、新德里、班加罗尔，印度尼西亚的雅加达，马来西亚的吉隆坡，土耳其的伊斯坦布尔，荷兰的阿姆斯特丹，比利时的布鲁塞尔，阿拉伯联合酋长国的迪拜，美国纽约、洛杉矶、旧金山、芝加哥，加拿大的多伦多，英国的伦敦，法国的巴黎，丹麦的哥本哈根，瑞典的斯德哥尔摩，德国的慕尼黑、法兰克福，爱尔兰的都柏林，俄罗斯的莫斯科，波兰的华沙，意大利的米兰，西班牙的马德里，墨西哥的墨西哥城，巴西的圣保罗，澳大利亚的墨尔本、悉尼，以及南非的约翰内斯堡（表 A.6）。

表 A.6 城市数字化转型指数研究的 39 个样本城市

序号	城市	国家	洲	序号	城市	国家	洲
1	东京	日本	亚洲	21	法兰克福	德国	欧洲
2	上海	中国	亚洲	22	伦敦	英国	欧洲
3	北京	中国	亚洲	23	斯德哥尔摩	瑞典	欧洲
4	台北	中国	亚洲	24	都柏林	爱尔兰	欧洲
5	首尔	韩国	亚洲	25	哥本哈根	丹麦	欧洲
6	香港	中国	亚洲	26	莫斯科	俄罗斯	欧洲
7	大阪	日本	亚洲	27	华沙	波兰	欧洲
8	新加坡	新加坡	亚洲	28	米兰	意大利	欧洲
9	雅加达	印度尼西亚	亚洲	29	马德里	西班牙	欧洲
10	曼谷	泰国	亚洲	30	纽约	美国	北美洲
11	吉隆坡	马来西亚	亚洲	31	洛杉矶	美国	北美洲
12	孟买	印度	亚洲	32	芝加哥	美国	北美洲
13	新德里	印度	亚洲	33	旧金山	美国	北美洲
14	班加罗尔	印度	亚洲	34	多伦多	加拿大	北美洲
15	伊斯坦布尔	土耳其	亚洲	35	墨西哥城	墨西哥	北美洲
16	迪拜	阿拉伯联合酋长国	亚洲	36	圣保罗	巴西	南美洲
17	巴黎	法国	欧洲	37	悉尼	澳大利亚	大洋洲
18	慕尼黑	德国	欧洲	38	墨尔本	澳大利亚	大洋洲
19	阿姆斯特丹	荷兰	欧洲	39	约翰内斯堡	南非	非洲
20	布鲁塞尔	比利时	欧洲				

资料来源：作者整理编制。

A1.4.2 数据搜集

本研究选取 39 个样本城市 2016—2020 年 20 个测度指标的数据，主要通过下列途径搜集二级指标的原始数据。

一是相关网站：样本城市的统计年鉴和其所在国的国家统计年鉴、政府及各政府部门网站、联合国官方网站、福布斯网站、Alexa 网站、各证券交易所网站等。

二是智库相关报告：比如《数字 2020：全球数字概览》（Digital 2020 Global Digital Overview）、经济学人智库报告《安全城市指数报告 2015—2021》（Safe Cities Index）、全球机器人联合会报告等。

三是相关数据库：万得（Wind）、国际电信联盟（ITU）、联合国贸发会议数据库（UNCTAD）、OECD 数据库等。

A1.4.3 指标权重的确定

根据课题组反复推敲，结合专家建议，本研究决定权重确定遵循以下三项原则：一是一级指标等权重，二是同一个一级指标下的二级指标等权重，三是同一个二级指标下的三级指标等权重。

A1.4.4 计算方法

首先，部分指标存在部分年份数据缺乏，我们采取线性估计；部分指标仅有国家数据，我们采用系数调整的方法。

其次，本研究选取 2020 年数据来计算城市数字化转型的绩效。根据 min-max 方法对 2020 年的原始数据绩效标准化，然后根据相邻等级指标合成等权重原则，依次合成三、二、一级指标，最后由一级指标合成该城市的数字化转型绩效得分。

最后，城市数字化转型速度得分是动态指标，用以表示城市数字化转型的快慢，具体计算方法为：先对每一个样本城市在 2016—2020 年间各项数字化转型四级测度指标计算 5 年间的年均复合增长率，再根据 min-max 方法标准化，然后根据相邻等级指标合成等权重原则，依次合成三、二、一级指标，最后由一级指标合成该城市的数字化转型速度得分。

此外，计算城市数字化城市数字化转型绩效、转型速度都用到了 min-max 方法，即将原始数据转化为无量纲、无数量级差异的标准化数值，消除不同指标之间因属性不同而带来的影响，从而使结果更具有可比性。如果是正向指标（指标值越高，绩效越好），则取该指标的最大值 X_{max} 和最小值 X_{min}，然后用该变量的每一个观测值 X 减去最小值除以极差，即：

$$X' = \frac{X - X_{min}}{X_{max} - X_{min}}$$

如果是负向指标（指标值越低，绩效越好），则取该指标的最大值 X_{max} 和最小值 X_{min}，然后用最大值减去该变量的每一个观测值 X 除以极差，即：

$$X' = \frac{X_{max} - X}{X_{max} - X_{min}}$$

附录 2 城市数字化转型指标体系总表

一级指标	二级指标	三级指标	指标测度
基础设施数字化转型	数字化基础设施	数字化网络设施	网速（Mbps）
		数字化通信设施	手机渗透率（%）
	政策环境	隐私保护	隐私保护度（分值）
		网络安全	易受攻击的计算机占比（%）
	要素支撑	数字人才	所属 QS 世界大学计算机＆IT 专业实力（分值）
		ICT 投资	ICT 投资的 GDP 占比（%）
经济数字化转型	数字产业化	数字服务业	大型信息服企业市值（十亿美元）
		数字产品制造业	大型计算机、通信和其他电子设备制造企业市值（十亿美元）
	产业数字化	制造业数字化	工业机器人密度（个/万职工）
		金融数字化	金融科技（分值）
		商业数字化	电子商务（分值）
	数字贸易	数字产品贸易	计算机、通信和其他电子设备贸易占货物贸易比重（%）
		数字服务贸易	信息服务贸易占服务贸易比重（%）
生活数字化转型	教育数字化	在线学习	在线学习人数在 16—74 岁人群中占比（%）
	购物数字化	线上购物	线上购物人口占比（%）
	交往数字化	社交数字化	社交媒体渗透率（%）
	求职数字化	在线求职	通过 LinkedIn 求职的人数（百万人）
治理数字化转型	数据开放	开放政府数据	数据开放（分值）
	政府服务数字化	在线服务	在线服务（分值）
	参与数字化	电子参与	电子参与（分值）

资料来源：作者编制。

附录 3　绩效视角下的 39 个样本城市数字化转型指数雷达图

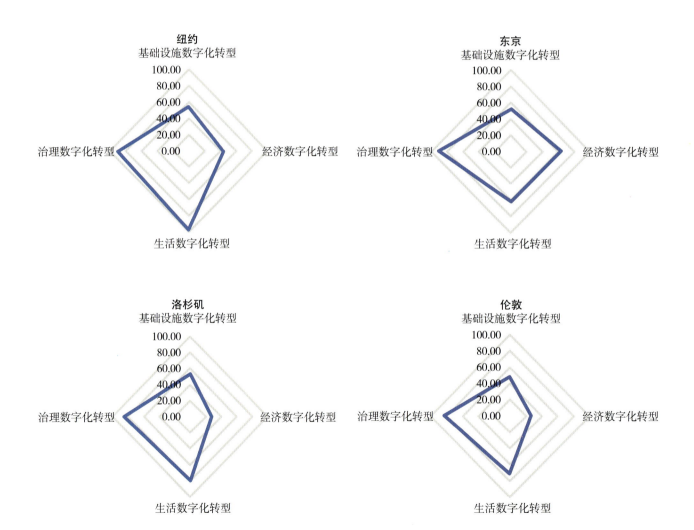

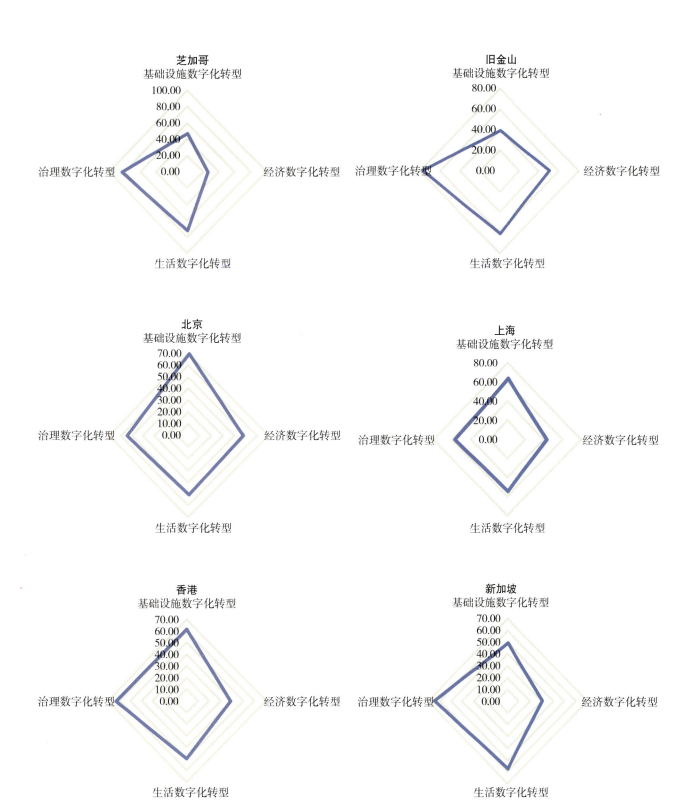

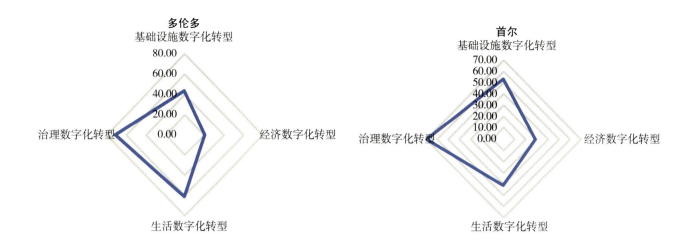

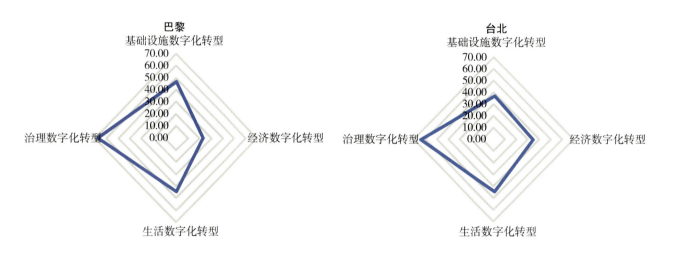

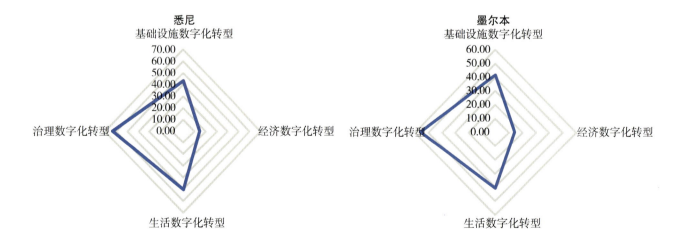

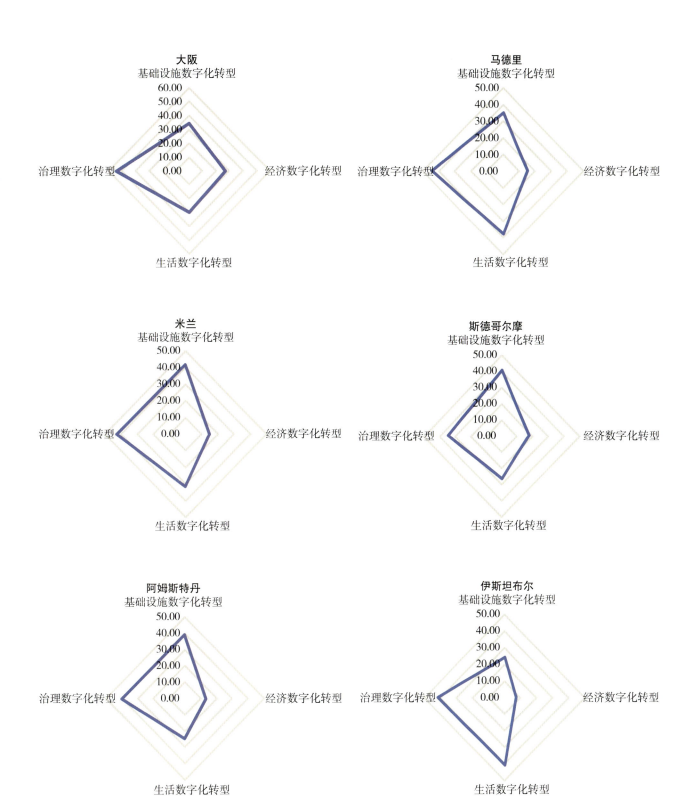

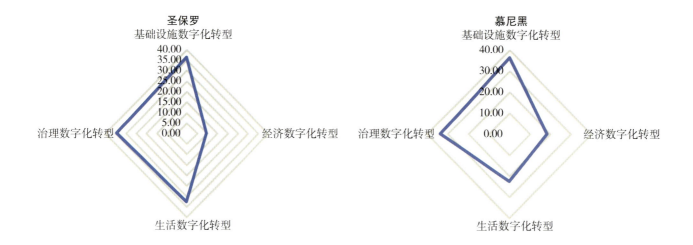

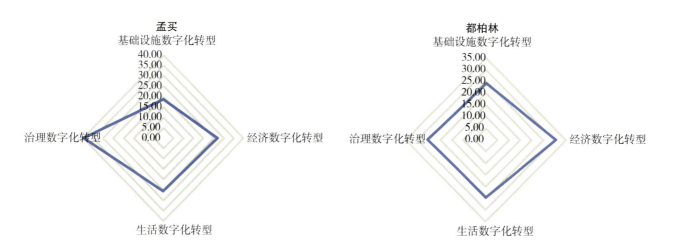

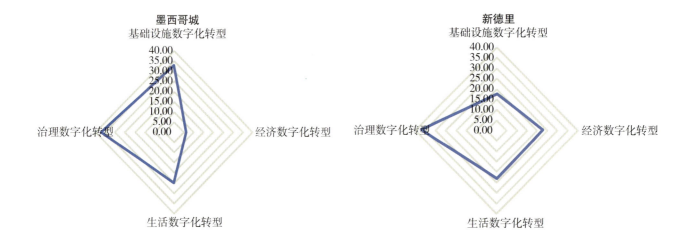

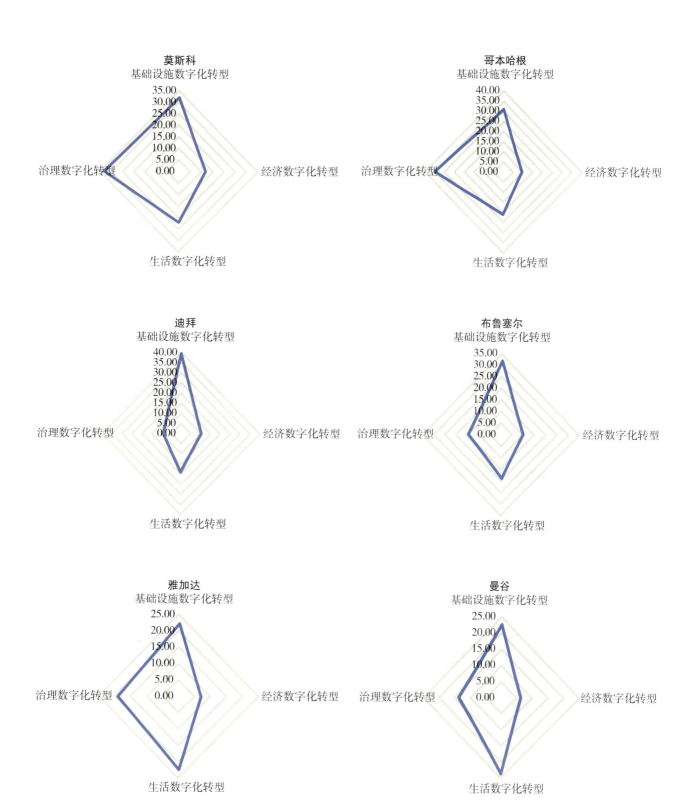

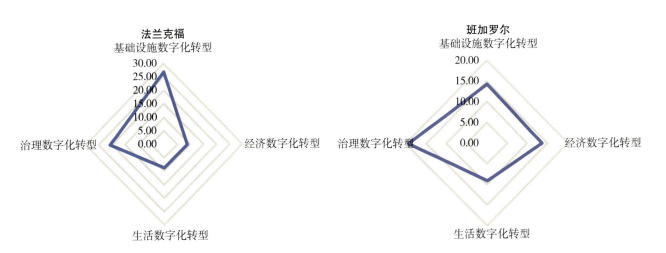

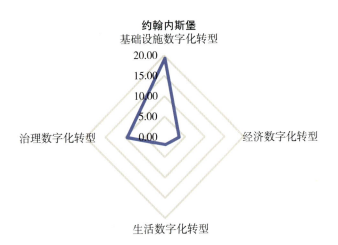

资料来源：作者根据研究数据绘制。

附录4 速度视角下的39个样本城市数字化转型指数雷达图

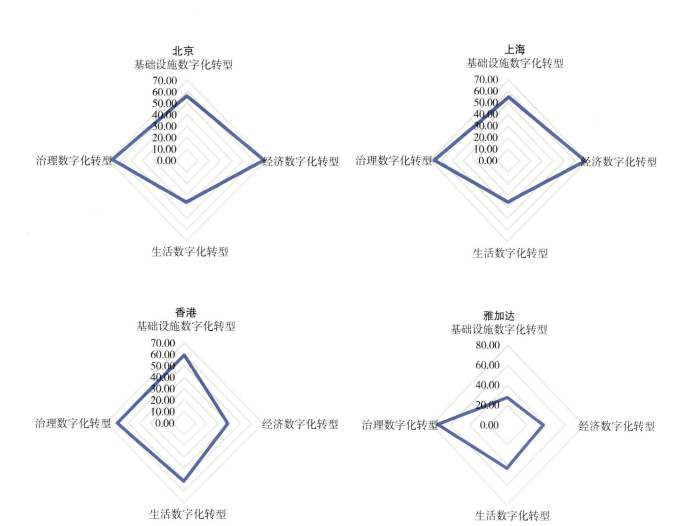

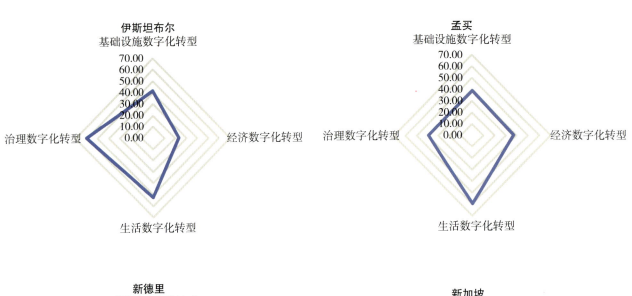

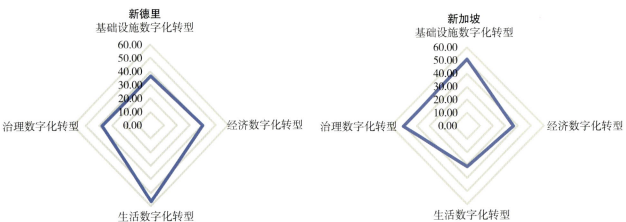

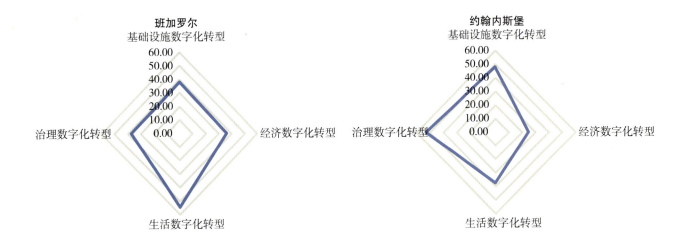

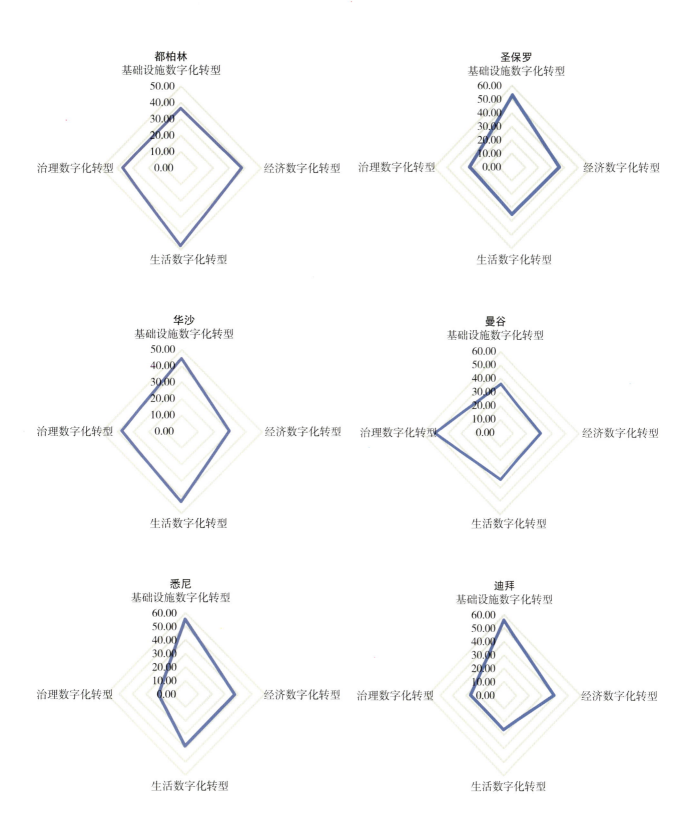

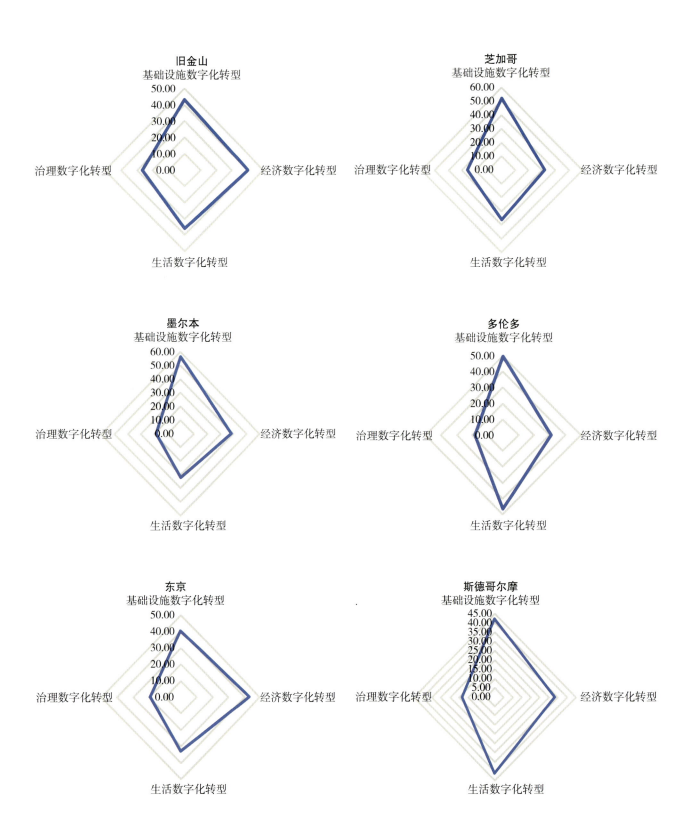

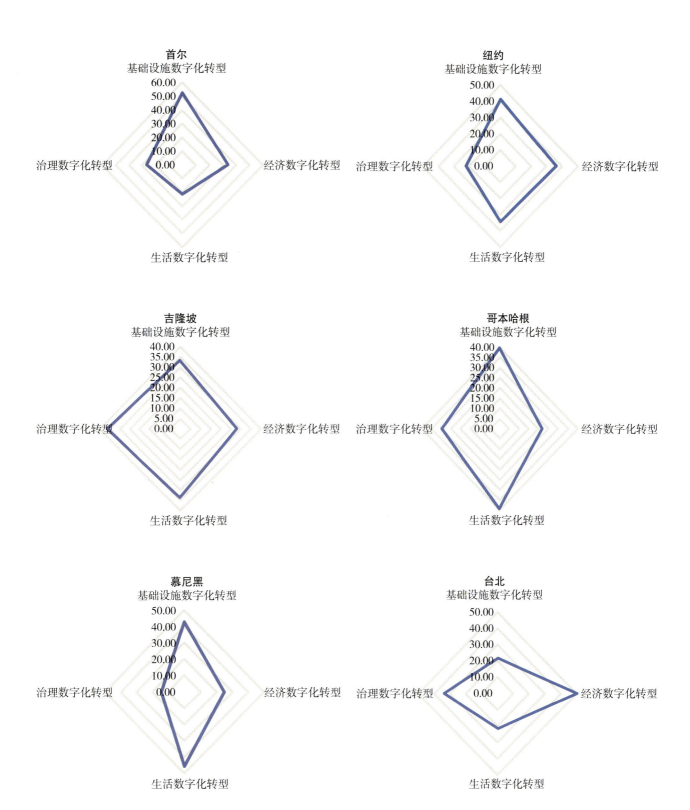

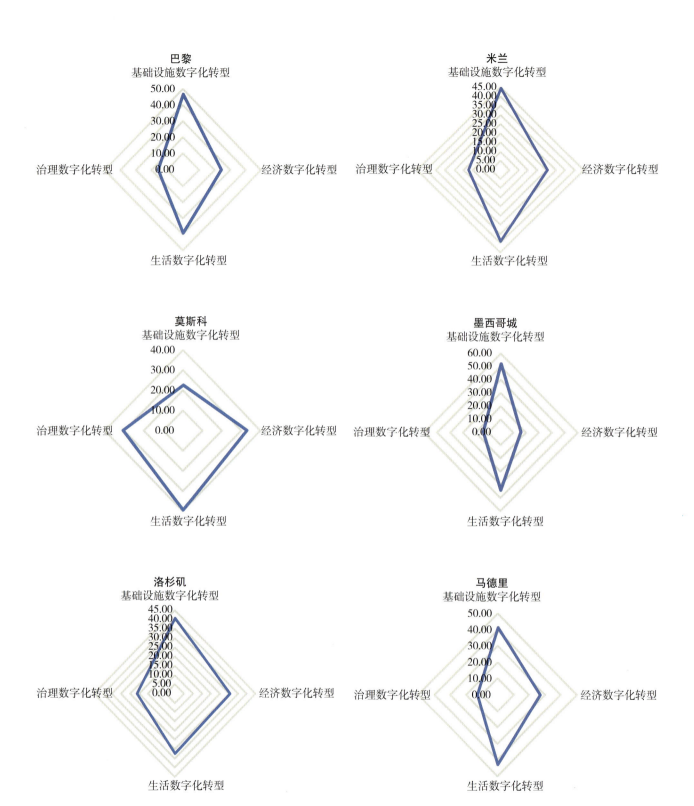

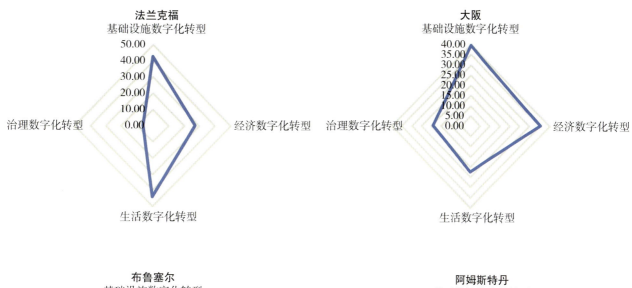

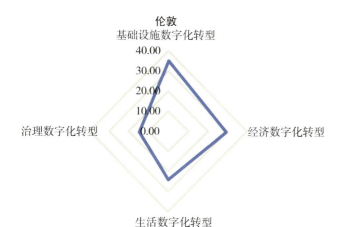

资料来源：作者根据研究数据绘制。

主要参考文献

［1］郑国、秦波：《论城市转型与城市规划转型——以深圳为例》，《城市发展研究》2009年第 16 期。

［2］Vial，Gregory，2019，"Understanding digital transformation: A review and a research agenda"，*The Journal of Strategic Information Systems*，vol. 28 no.2，pp.118—144.

［3］顾朝林：《转型发展与未来城市的思考》，《城市规划》2011 年第 11 期。

［4］郑磊：《城市数字化转型的内容、路径与方向》，《城市》2021 年第 4 期。

［5］王莹：《国际智慧城市建设历程与服务体系比较研究》，2015 中国城市规划年会，2015 年。

［6］曲岩：《我国智慧城市建设水平评估体系研究》，大连理工大学，2017 年。

［7］徐清源、单志广、马潮江：《国内外数字经济测度指标体系研究综述》，《调研世界》2018 年第 11 期。

［8］郑跃平、刘美岑：《开放数据评估的现状及存在问题——基于国外开放数据评估的对比和分析》，《电子政务》2016 年第 8 期。

［9］郑磊：《城市数字化转型的内容、路径与方向》，《城市》2021 年第 4 期。

［10］管俊峰：《智慧城市建设绩效评价研究》，哈尔滨工业大学，2021 年。

图书在版编目(CIP)数据

全球城市发展指数. 2022:城市数字化转型/周振
华,盛维主编. —上海:格致出版社:上海人民出版
社,2022.8
ISBN 978 - 7 - 5432 - 3367 - 6

Ⅰ.①全… Ⅱ.①周… ②盛… Ⅲ.①城市发展战略
-指数-世界- 2022 Ⅳ.①F299.1

中国版本图书馆 CIP 数据核字(2022)第 116917 号

责任编辑　忻雁翔
封面装帧　人马艺术设计·储平